The Hispanic Presence Challenge and Commitment

**A Pastoral Letter on
Hispanic Ministry**

December 12, 1983
National Conference of Catholic Bishops

At its November 1982 plenary assembly, the National Conference of Catholic Bishops authorized the preparation of a pastoral letter on the Hispanic ministry. The final draft was approved at the plenary assembly of the National Conference of Catholic Bishops, November 1983. Accordingly, the publication of this pastoral letter is authorized by the undersigned.

Monsignor Daniel F. Hoye
General Secretary
January 31, 1984   NCCB/USCC

First Printing   March 30, 1984
Second Printing April 20, 1984

Contents

List of Abbreviations

AA   *Apostolicam Actuositatem* (Decree on the Apostolate of Lay People), Vatican II, 1965

ABUS   *Address to the Bishops of the United States*, Pope John Paul II, October 1979

CT   *Catechesi Tradendae* (On Catechetics), Apostolic Exhortation, Pope John Paul II, 1979

CP   *The Challenge of Peace: God's Promise and Our Response*, National Conference of Catholic Bishops, 1983

BSU   *Brothers and Sisters to Us*, National Conference of Catholic Bishops, 1979, p. 10

CELAM   *Consejo Episcopal Latinoamericano* (Latin American Episcopal Council)

EN   *Evangelii Nuntiandi* (On Evangelization in the Modern World), Apostolic Exhortation, Pope Paul VI, 1975

II ENHP   *II Encuentro Nacional Hispano de Pastoral*, Conclusiones, Washington, D.C., August 1977

FC   *Familiaris Consortio* (On the Family), Pope John Paul II, 1981

GE   *Gravissimum Educationis* (Declaration on Christian Education), Vatican II, 1965

GS   *Gaudium et Spes* (Pastoral Constitution on the Church in the Modern World), Vatican II, 1965

JPP   *Joint Pastoral Planning*, Medellin, CELAM, 1968

LG   *Lumen Gentium* (Dogmatic Constitution on the Church), Vatican II, 1964

MPLA	*Message to the Peoples of Latin America*, Puebla, CELAM, 1979
Medellin	Final Documents of the II General Conference of the CELAM, 1968
NCCB	National Conference of Catholic Bishops
NCD	*National Catechetical Directory*, National Conference of Catholic Bishops, 1979
PHB	Pastoral Letter of the Hispanic Bishops of the United States: *The Bishops Speak with the Virgin*, 1982
Puebla	Final Documents of the III General Conference of CELAM, 1979
SC	*Sacrosanctum Concilium* (Constitution on the Sacred Liturgy), Vatican II, 1963
USCC	United States Catholic Conference
UR	*Unitatis Redintegratio* (Decree on Ecumenism), Vatican II, 1964

I. A Call to Hispanic Ministry

1.   At this moment of grace we recognize the Hispanic community among us as a blessing from God. We call upon all persons of good faith to share our vision of the special gifts which Hispanics bring to the Body of Christ, His Pilgrim Church on earth (I Cor. 12:12-13).

Invoking the guidance of the Blessed Virgin Mary, we desire especially to share our reflections on the Hispanic presence in the United States with the Catholic laity, religious, deacons, and priests of our country. We ask Catholics, as members of the Body of Christ, to give our words serious attention in performing the tasks assigned to them. This Hispanic presence challenges us all to be more *catholic*, more open to the diversity of religious expression.

2.   Although many pastoral challenges face the Church as a result of this presence, we are pleased to hear Hispanic Catholics voicing their desire for more opportunities to share their historical, cultural, and religious gifts with the Church they see as their home and heritage. Let us hear their voices; let us make all feel equally at home in the Church (PHB, I.b & III. c); let us be a Church which is in truth universal, a Church with open arms, welcoming different gifts and expressions of our "one Lord, one faith, one baptism, one God and Father of all" (Eph. 4:5-6).

3.   Hispanics exemplify and cherish values central to the service of Church and society. Among these are:

(a) Profound respect for the dignity of each *person*, reflecting the example of Christ in the Gospels;

(b) Deep and reverential love for *family life*, where the entire extended family discovers its roots, its identity, and its strength;

(c) A marvelous sense of *community* that celebrates life through "fiesta";

(d) Loving appreciation for God's gift of *life*, and an understanding of time which allows one to savor that gift;

(e) Authentic and consistent devotion to Mary, the Mother of God.

4. We are *all* called to appreciate our own histories, and to reflect upon the ethnic, racial and cultural origins which make us a nation of immigrants. Historically, the Church in the United States has been an "immigrant Church" whose outstanding record of care for countless European immigrants remains unmatched. Today that same tradition must inspire in the Church's approach to recent Hispanic immigrants and migrants a similar authority, compassion, and decisiveness.

Although the number of Hispanics is increasing in our country, it would be misleading to place too much emphasis on numerical growth only. Focusing primarily on the numbers could very easily lead us to see Hispanics simply as a large pastoral problem, while overlooking the even more important fact that they present a unique pastoral opportunity.

The pastoral needs of Hispanic Catholics are indeed great; although their faith is deep and strong, it is being challenged and eroded by steady social pressures to assimilate. Yet the history, culture, and spirituality animating their lively faith deserve to be known, shared, and reinforced by us all. Their past and present contributions to the faith life of the Church deserve appreciation and recognition.

Let us work closely together in creating pastoral visions and strategies which, drawing upon a memorable past, are made anew by the creative hands of the present.

5. The Church has a vast body of teaching on culture and its intimate link with faith. "In his self-revelation to his people culminating in the fullness of manifestation in his incarnate Son, God spoke according to the culture proper to each age. Similarly the Church has existed through the centuries in varying circumstances and has utilized the resources of different cultures in its preaching to spread and explain the message of Christ, to examine and understand it more deeply, and to express it more perfectly in the liturgy and in various aspects of the life of the faithful" (GS, 58).

As with many nationalities with a strong Catholic tradition, religion, and culture, faith and life are inseparable for Hispanics. Hispanic Catholicism is an outstanding example of how the Gospel can permeate a culture to its very roots (EN, 20). But it also reminds us that no culture is without defects and sins. Hispanic culture, like any other, must be challenged by the Gospel.

Respect for culture is rooted in the dignity of people made in God's image. The Church shows its esteem for this dignity by working to ensure that pluralism, not assimilation and uniformity, is the guiding principle in the life of communities in both the ecclesial and secular societies. All of us in the Church should broaden the embrace with which we greet our Hispanic brothers and sisters and deepen our commitment to them.

Hispanic Reality

6.　No other European culture has been in this country longer than the Hispanic. Spaniards and their descendants were already in the Southeast and Southwest by the late sixteenth century. In other regions of our country a steady influx of Hispanic immigrants has increased their visibility in more recent times. Plainly, the Hispanic population will loom larger in the future of both the wider society and the Church in the United States.

Only 30 years ago the U.S. census estimated there were 6 million Hispanics in the country. The 1980 census counted almost 15 million—a figure which does not include the population on the island of Puerto Rico, many undocumented workers, recent Cuban refugees, those who have fled spiraling violence in Central and South America, nor countless other Hispanics missed in the census. A number of experts estimate a total U.S. Hispanic population of at least 20 million.[1]

The United States today ranks fifth among the world's Spanish-speaking countries; only Mexico, Spain, Argentina, and Colombia have more Hispanics.[2]

---

1. An accurate count of Hispanics has not yet taken place. As established successfully in court, the 1970 census undercounted Hispanics. Similar claims have been made regarding the 1980 figure. Estimates that include all of the populations cited in the text vary from 15 to 17 million. Our preference for 20 million accepts as likely the following: 14.6 million (1980 census) plus 3.2 million (population of Puerto Rico), plus 126,000 (Mariel boat-lift per USCC estimate), plus 1.9 million (1978 estimate of undocumented Hispanics), plus undercount for improperly identified non-Hispanics. See *Hispanic Catholics in the United States*, Rev. Frank Ponce, Pro-Mundi Vita, Brussels, 1981.

2. The Spanish-speaking populations mentioned are as follows: Mexico 71.9 million; Spain 37.5 million; Colombia 27.6 million; Argentina 27 million (United Nations, 1980).

Hispanic Catholics are extremely diverse. They come from 19 different Latin American republics, Puerto Rico, and Spain. The largest group, comprising 60 percent, is Mexican-American. They are followed by Puerto Ricans, 17 percent, and Cubans, 8 percent. The Dominican Republic, Peru, Ecuador, Chile, and increasingly Central America, especially El Salvador, as well as other Latin American countries, are amply represented.

Hispanics vary in their racial origins, color, history, achievements, expressions of faith, and degree of disadvantage. But they share many elements of culture, including a deeply rooted Catholicism, values such as commitment to the extended family, and a common language, Spanish, spoken with different accents.

They are found in every state of the Union and nearly every diocese. Although many, especially in the Southwest, live in rural areas, over 85 percent are found in large urban centers like New York, Chicago, Miami, Los Angeles, San Antonio, and San Francisco. In places like Hartford, Washington, D.C., and Atlanta, a growing number of advertisements in Spanish and English, as well as large Hispanic barrios,[3] are evidence of their increasing presence.

It is significant that Hispanics are the youngest population in our country. Their median age, 23.2, is lower than that of any other group; 54 percent are age 25 or less.

Socioeconomic Conditions

7. In general, most Hispanics in our country live near or below the poverty level. While limited improvements in their social and economic status have occurred in the last generation, the Hispanic community as a whole has yet to share equitably in this country's wealth—wealth they have helped produce. Despite rising expectations, Hispanic political participation in the political process is limited by economic and social underdevelopment. Thus Hispanics are severely underrepresented at decision-making levels in Church and society.

The annual median income for non-Hispanic families is $5,000 higher than the median for Hispanic families; 22.1 per-

---

3. *Barrios*: literally, neighborhoods. In the United States, the Spanish word has come to mean the Hispanic, generally poor, ethnic neighborhoods in a number of major cities.

cent of Hispanics live below the poverty level, compared with 15 percent of the general population.[4]

Historically, unemployment has been higher among Hispanics than other nationalities. The Puerto Ricans are the hardest hit, with unemployment rates generally a third higher than other Hispanics.[5] In times of crisis, such as in the economic downturn of the early 1980s, Hispanics are among the last hired and the first fired.

Well over half the employed Hispanics work at non-professional, non–managerial jobs, chiefly in agricultural labor and urban service occupations. In both occupational areas, the courageous struggle of workers to obtain adequate means of negotiation for just compensation has yet to succeed.

Lack of education is an important factor keeping Hispanics poor. While more Hispanics now finish high school and college than did ten years ago, only 40 percent graduate from high school, compared with 66 percent of the general population. Hispanics are under-represented even within the Catholic school system, where they account for only 9 percent of the student population.

Educational opportunities are often below standard in areas of high Hispanic concentration. Early frustration in school leads many young Hispanics to drop out without the skills they need, while many of those who stay find themselves in an educational system which is not always supportive. Often Hispanic students are caught in a cultural cross fire—living their Hispanic culture at home, while feeling pressured at school and at work to assimilate and foresake their heritage.

Impersonal data tells us that Hispanics are numerous, rapidly increasing, of varied national origins, found everywhere in the United States, socioeconomically disadvantaged and in need of greater access to education and the decision-making processes. But there is a human reality behind the dry, sometimes discouraging data. We see in the faces of Hispanics a profound serenity, a steadfast hope, and a vibrant joy; in many we recognize an evangelical sense of the blessing and prophetic nature of poverty.

---

4. See *Money, Income and Poverty Status of Families and Persons in the United States: 1981*, Series p-60, No. 134, Bureau of the Census, Washington, D.C., July 1982.

5. U.S. Government figures for 1981 held overall Hispanic unemployment at 9.8 percent, Mexican-American at 9.4, Cubans at 7.8 and Puerto Ricans at 13.4.

II. Achievements in Hispanic Ministry in the United States

8. In responding to the pastoral needs of Hispanics, we are building on work begun many years ago. We recognize with gratitude what was done by farsighted men and women, Hispanic and non-Hispanic, who, pioneers in this apostolate, helped maintain and develop the faith of hundreds of thousands. They deserve credit for their courageous efforts.

9. In many respects the survival of faith among Hispanics seems little less than a miracle. Even at times when the institutional Church could not be present to them, their faith remained for their family-oriented tradition of faith provided a momentum and dynamism accounting for faith's preservation. But let us not depend only on that tradition today; every generation of every culture stands in need of being evangelized (EN, 54).

One of the glories of Hispanic women, lay and religious, has been their role in nurturing the faith and keeping it alive in their families and communities. Traditionally, they have been the basic leaders of prayer, catechists, and often excellent models of Christian discipleship.

The increasing number of lay leaders and permanent deacons (20 percent of the U.S. total) is a sign that lay leadership from the grass roots has been fostered and called to service in the Church.

Also noteworthy are the various apostolic *movimientos* (movements) which have helped ensure the survival of the faith for many Hispanic Catholics. For example, *Cursillos de Cristiandad, Encuentros Conyugales, Encuentros de Promocion Juvenil, Movimiento Familiar Cristiano, Comunidades Eclesiales de Base,* and the Charismatic Renewal as well as others, have been instrumental in bringing out the apostolic potential in many Hispanic individuals, married couples and communities. A number of associations, such as PADRES and HERMANAS, have provided support networks to priests and women in the Hispanic movement.

Religious congregations of men and women are among those who have responded generously to the challenge. That a substantial percentage of Hispanic priests are religious is a sign of their expenditure of resources, personnel, and energy. In a special way religious congregations of women have contributed to meeting the spiritual and material needs of migrant farm workers, the inner-city poor, refugees from Latin America, and the undocumented. North American missionaries returning from Latin America have likewise brought with them a strong attraction and dedication to Hispanics.

As far back as the 1940s, the bishops showed genuine concern for Hispanic Catholics by establishing, at the prompting of Archbishop Robert E. Lucey of San Antonio, a committee for the Spanish-speaking to work with Hispanics of the Southwest. In 1912 Philadelphia began its Spanish apostolate. New York and Boston established diocesan offices for the Spanish speaking in the 1950s. Early efforts to minister to Hispanics were made in other areas as well.

Later, persistent efforts by bishops who recognized the need for a Hispanic presence at the national Church leadership level culminated in 1970 with the establishment of the USCC Division for the Spanish-speaking as part of the USCC Department of Social Development. In 1974 the division became the NCCB/USCC Secretariat for Hispanic Affairs.

Under the leadership of the bishops, and with the support of the NCCB/USCC Secretariat for Hispanic Affairs, Hispanic Catholics have been responsible for two national pastoral *Encuentros*. In 1972 and 1977 these gatherings of lay men and women dedicated to their own local communities concluded with prophetic calls to the Church-at-large. Also, as a result of the *II Encuentro Nacional Hispano de Pastoral* in 1977, ministry with Hispanic youth was encouraged at the regional, diocesan, and parish levels through the National Youth Task Force, now renamed *Comite Nacional Hispano de Pastoral Juvenil* (National Hispanic Committee for Youth Ministry).[6]

---

6. See *Conclusions of the II Encuentro*, NCCB Secretariat for Hispanic Affairs, 1977.

The appointment of Hispanic bishops and archbishops since 1970 has greatly enhanced this apostolate. We rejoice with all the Hispanic Catholics who see in these new bishops a visible and clear sign that the Holy See is recognizing their presence and the contribution they are capable of making to the life of the Church in the United States. Recent apostolic delegates have voiced their concern for ethnic and minority groups in the Church in this country and have urged the leadership of the Church to address their needs.

The past decade has also seen the emergence of regional offices, pastoral institutes, diocesan commissions and offices, and *centros pastorales* (pastoral centers), all of which have become effective pastoral instruments working with Hispanics.

III. Urgent Pastoral Implications

10. We urge all U.S. Catholics to explore creative possibilities for responding innovatively, flexibly, and immediately to the Hispanic presence. Hispanics and non-Hispanics should work together, teach and learn from one another, and together evangelize in the fullest and broadest sense. Non-Hispanic clergy, especially religious, priests, and bishops who have been at the forefront of the Hispanic apostolates, are needed more than ever today to serve with the Hispanic people.

The Church's Mission and the Hispanic Presence

11. From an ecclesial perspective, evangelization, which is the Church's central mission and purpose, consists not just in isolated calls to individual conversion but in an invitation to join the People of God (EN, 15). This is reflected in the Hispanic experience of evangelization, which includes an important communitarian element expressed in an integral or "holistic" vision of faith and pastoral activity carried out in community (II ENHP, I.4.c).

This experience is summed up in the concept of the *pastoral de conjunto*, a pastoral focus and approach to action arising from shared reflection among the agents of evangelization (Puebla, 650, 122 and 1307). Implicit in a *pastoral de conjunto* is the recognition that both the sense of the faithful and hierarchical teaching are essential elements in the articulation of the faith. This pastoral approach also recognizes that the Church's essential mission is best exercised in a spirit of concord and in group apostolate (AA, 18).

An effective Hispanic apostolate includes the application of this experience, which can benefit the Church in *all* its efforts to fulfill its mission. Essential to this is an integral vision, forged in community, which encompasses the totality of human challenges and opportunities as religious concerns.

Creative Possibilities

12. We therefore invite all our priests, deacons, and religious and lay leaders to consider the following creative opportunities.

a. Liturgy

Universal in form, our Church "respects and fosters the spiritual adornments and gifts of the various races and peoples" in its liturgical life (SC, 37). As applied to the Hispanic presence, this requires making provision for Spanish and bilingual worship according to the traditions and customs of the people being served. We are thus challenged to greater study of Hispanic prayer forms. It is encouraging in this regard that Hispanic Catholic artists and musicians are already contributing to the liturgy in our country.

The presence of Hispanic liturgists on parish and diocesan commissions is essential. Every effort should be made to bring this about.

As their homes have been true "domestic churches" for many Hispanic Catholics, so the home has traditionally been for them the center of faith and worship. The celebration of traditional feasts and special occasions in the home should therefore be valued and encouraged.

The choice of liturgical art, gestures and music, combined with the spirit of hospitality, can refashion our churches and altars into spiritual homes and create in our communities an inviting environment of family *fiesta*.

b. Renewal of Preaching

The recasting and proclamation of the Word in powerful, new, liberating images are unavoidable challenges for Hispanic ministry. As the Apostle Paul asked, "How can they believe unless they have heard of him? And how can they hear unless there is someone to preach?" (Rom. 10:14).

Those who preach should always bear in mind that the

ability to hear is linked to the hearer's language, culture, and real-life situation. In proclaiming the Gospel message, they should strive to make these characteristics and realities their own, so that their words will transmit the Gospel's truly liberating content.

Thirsting for God's Word, Hispanics want clear and simple preaching on its message and its application to their lives. They respond to effective preaching, and they often express a keen desire for better, more powerful preaching which expresses the Gospel message in terms they can understand.

We strongly recommend that priests engaged in ministry with Hispanics, such as parish priests and chaplains, enroll in Spanish courses so that they can readily speak with and listen to Hispanics. Similarly, we urge Hispanic permanent deacons to develop their preaching skills. We ask that these men be called on more often to exercise the ministry of the Word. The continuing education of permanent deacons and periodic evaluation of their ministry are necessary in this regard.

c. Catechesis

Like initial evangelization, catechesis must start where the hearer of the Gospel is (EN, 44). In the case of Hispanics, this suggests not merely the use of Spanish but also an active dialogue with their culture and their needs (NCD, 229). Since religious education is a lifelong process for the individual (NCD, 32), parishes should provide an atmosphere for catechesis which in every respect encourages the ongoing formation of adults as well as children. Such efforts will match the effectiveness of grade-level programs for children among the English-speaking and explore new methods in adult catechesis.

It is essential, too, that dioceses sponsor catechist formation courses in Spanish for Hispanics. They should be assured of having appropriate, effective materials and programs in Spanish (NCD 194,195). Catechists should take advantage of every "teachable moment" to present the Church's doctrine to Hispanic Catholics. Hispanic family celebrations[7] like bap-

---

7. The salient Hispanic family celebrations in the United States described in the text can be defined as follows:

(a) *Quinceañeras*: a young woman's fifteenth birthday celebration (*quince años*—fifteen years) usually celebrated by the Hispanic family as a rite of passage into adulthood. Sister Angela Erevia, at the Mexican American Cultural Center in San Antonio, Texas, has called this celebration a "teachable moment" since it traditionally

tisms, *quinceaños*, weddings, anniversaries, *fiestas patrias, novenarios, velorios,* and funerals often provide excellent teachable moments which are also "moments of grace" enabling the catechist to build upon the people's traditions and use them as living examples of Gospel truths (Puebla, 59 and CT, 53).

Throughout our country there is a deep yearning and hunger, "not a famine for bread, or a thirst for water, but for hearing the word of the Lord" (Amos 8:11). We urge continuing efforts to begin bible study groups in Hispanic communities, and to call forth Hispanic leaders to guide and direct such programs.

d. Vocation and Formation of Lay Ministers

Adequate training must have a high priority in Hispanic ministry. In planning such training, the goals of enhancing pluralism and catholicity will suggest the means. Formation should aim to incorporate the knowledge and practical experience necessary to minister effectively, while also fostering a serious commitment of service.

Although Hispanics lack sufficient clergy trained to minister with them, there are among them many lay people who are well disposed to respond to the call to be apostles (AA, 3). From this we conclude that fostering vocations and training for lay ministries will help provide the much needed laborers in the vineyard.

One model in this direction is the *escuela de ministerios*,[8]

---

includes as a central moment a Quinceañera Mass which expresses thanksgiving to God for the young woman's fifteen years.

(b) *Fiestas Patrias*: (literally, "patriotic holidays") reference is made to the main national day of each Latin American country, usually but not always the day of independence, which is a special moment in the life of many U.S. Hispanic communities.

(c) *Novenarios*: devotion to the saints and to the Blessed Virgin Mary through a variety of novenas. These traditionally occur in the home and gather the entire family in prayers and special readings of devotional materials, often following an important family event. One notable example is the *Novenario de Difuntos* (difuntos—the dead), which takes place following the death of a family member.

(d) *Velorios*: wakes. In the traditional Hispanic family practice, these are often more than social occasions which gather far-flung relatives. They also include moments of prayer. Many Hispanic families still see the rosary as an essential form of prayer complementary to Christian mourning.

8. *Escuelas de Ministerios*. In the past decade, a number of dioceses have established centers for the formation of lay leaders known generically by this name. Although they vary from place to place, these Schools of Ministries generally provide

which helps train lay leaders, calls youths to greater participation in the Church, and is likely to serve as a place of election
for priestly and religious vocations.

e. Vocations to Priestly, Religious Ministries

The scarcity of Hispanic priests, religious sisters, brothers, and permanent deacons is one of the most serious problems facing the Church in the United States. There are historical reasons, among them neglect, for the unfortunate lack
of Hispanic vocations. In the past, too, a major reason for the
failure of many Hispanic young people to persevere in pur-
suing vocations has been the presence in seminaries and convents of cultural expressions, traditions, language, family relationships, and religious experiences which conflicted with
their own. Today, however, we are pleased to note that these
conflicts are fewer and the situation is vastly improved. In
recent years many, if not most, seminaries and convents have
made significant strides in meeting the needs of Hispanics.
We congratulate these institutions and encourge them to continue improving their programs for Hispanic ministry.

We also encourage seminaries to provide courses in Spanish, Hispanic culture and religiosity, and Hispanic pastoral
ministry for seminarians, priests, religious, permanent deacons, and all pastoral ministers.

In light of the present situation, we commit ourselves to
fostering Hispanic vocations. Bishops, priests, religious, and
laity now must aggressively encourage Hispanic youth to consider the priestly or religious vocation. We call upon Hispanic
parents to present the life and work of a priest or religious
as a highly desirable vocation for their children, and to take
rightful pride in having a son or daughter serve the Church
in this way. Without their strong support, the Church will
not have the number of Hispanic priests and religious needed
to serve their communities.

---

a core program of catechetics, basic biblical study, ecclesiology, and adult education
in social sciences and humanities. In addition, they train students in a variety of
specialized ministries according to aptitude and preference of the student and the
needs of the diocese. The essential goal of the schools is to promote talented and
committed individuals as leaders at the service of their communities. Those who
complete the programs and show growth in the desire to serve are then commissioned
to serve as lay movement leaders, catechists, lectors, extraordinary ministers of the
Eucharist, and small community and study group leaders. See *Hispanic Portrait of
Evangelization No. 10* by Cecilio J. Morales, Jr., NCCB Committee on Evangelization, 1981.

This requires encouraging a more positive image of priests and religious than presently exists in many Hispanic families. The Church's presence in Hispanic communities must be one which makes it possible for people to experience the reality of its love and care. Priests and religious have a serious responsibility to give Hispanic youth a positive, joyful experience of the Church and to invite them to consider the priesthood or religious life as they make decisions about their future. Diocesan vocation offices are urged to make special efforts to reach Hispanic youth with the invitation to follow Jesus in a priestly or religious vocation.

Above all, the Church in the United States must pray to the Lord of the harvest to send the Hispanic vocations that are sorely needed. We urge special, unceasing prayer in Hispanic parishes for this purpose, and we call upon parents to pray that one or more of their children will be given the grace of a vocation to the priesthood or religious life.

f. Catholic Education

Catholic educators in the United States have a long record of excellence and dedication to the instruction and formation of millions of the Catholic faithful. Now they must turn their skills to responding to the educational needs of Hispanics. Education is an inalienable right; and in nurturing the intellect, Catholic schools and institutes of learning must also foster the values and culture of their pupils (GE, 178).

We therefore urge Catholic schools and other Catholic educational institutions to offer additional opportunities, including scholarships and financial aid, to Hispanics who cannot now afford to attend them.

We also recommend adaptations which respond adequately to the Hispanic presence in our schools. Curricula should provide opportunities for bilingual education; teachers should be familiar with the Spanish language, and should respect and understand Hispanic culture and religious expression. At the same time, care must be taken to ensure that bilingual education does not impede or unduly delay entrance into the political, socioeconomic, and religious mainstream because of inability to communicate well in the prevalent language.

It is important not only to affirm to Hispanic youths the inherent value of their heritage, but also to offer instruction in Hispanic history and culture. Society often tells them that their parents' culture, so deeply steeped in Catholicism, is valueless and irrelevant. The Church can teach them otherwise.

The Church must also become an advocate for the many young Hispanics who attend public schools, doing all it can to ensure that provision is made for their needs. Particular attention should be given to those who have dropped out of school, whether Catholic or public, and who need remedial education or assistance in developing technical skills.

g. Communications

Ours is an era in which "the medium is the message." The Church has recognized this fact by supporting the modernization of the means of communications at its disposal. For the most part, however, the Church press and electronic media lag in the area of Hispanic ministry. While a few worthy publications in Spanish have been begun in the past decade, the Catholic press largely ignores coverage of Hispanic news. Similarly, the Church lacks a solid body of television and radio programming that addresses the needs of the Hispanic community, although some fine first efforts have been launched through the Catholic Communication Campaign and the Catholic Telecommunications Network of America.

This suggests the need for greater efforts toward planned and systematic programming and regular coverage of issues relevant to the Hispanic community. Training and hiring of talented Hispanics in communications and journalism are required to produce fresh and lively material. Materials and programming imported from Latin America may also help in the short term to bridge our communications gap.

h. Effective Ecumenism

The Lord Jesus prayed for the unity of His followers (Jn. 17:21), yet the division of the churches is a major obstacle to evangelization. This is underlined in the United States by instances of active proselytizing among Hispanics carried on in an anti-ecumenical manner by Protestant sects. A variety of fundamentalist groups divide Hispanics and their families with their preaching, which reflects an anti-Catholic spirit hardly emanating from the Gospel of Jesus Christ (PHB, II.c.).

Our response as Catholics is not to attack or disparage brothers and sisters of other Christian traditions, but to live the Gospel more authentically in order to present the Catholic Church as the fullness of Christianity (LG, 14) and thus nourish the faith of our Hispanic peoples. Other Christian churches have been part of the history of salvation. Prayer, dialogue, and partnership in efforts of common concern remain high on the Catholic agenda. In the Hispanic context, however, the Catholic Church and its tradition has played the major historical role of inculturation of the Gospel; the Church is committed to continuing this mission.

i. Hispanic Youth

Desiring to be the light of the world and salt of the earth, many Hispanic young people dedicate their energies and talents to the mission of the Church. Their values are deeply Christian. Whatever their circumstances, they feel themselves members of a spiritual family led by their Mother Mary. This is evident in their art, poetry, and other forms of expression. Yet pressures on Hispanic youth to adapt and live by self-seeking values have led many away from the Church.

Like youths of other backgrounds, Hispanic young people have a spirit of generosity toward the disadvantaged. In their case, however, this is often more than sensitivity toward the poor; it is of solidarity with people who have as little as they or less. If they are not to fall prey to dreams of success at any price in order to escape poverty, they need to see their talents and potential valued by the Church.

In responding to their needs, the wise pastoral minister will note the marvelous potential of their abundant energies and their ability to speak the language of youth. Committed Hispanic youths grasp with the immediacy of their own experience how to share their Christian vision with their peers through means such as modern and traditional Hispanic music and art.

Hispanic youths and young adults with leadership qualities must be offered opportunities for religious education, biblical studies, catechesis, and special training, so that their vocations to serve the Church will flourish. Such programs should take into account the fact that these youths will develop best in familiar, warm environments.

j. Family

The tradition of commitment to family is one of the distinguishing marks of Hispanic culture. Although there are variations among Mexican-Americans, Puerto Ricans, Cubans, and other Hispanics, there are shared family values and cultural attributes among all Hispanics.[9]

Whether *nuclear* or *extended*, the family unit has been the privileged place where Christian principles have been nurtured and expressed and evangelization and the development of spirituality have occurred. The Hispanic family often exemplifies Pope John Paul II's description of family prayer: "Joys and sorrows, hopes and disappointments, births and birthday celebrations, wedding anniversaries of parents, departures, separations and homecomings, important and far-reaching decisions, and the death of those who are dear, etc.— all of these mark God's loving intervention in the family history. They should be seen as suitable moments for thanksgiving, for petition, for trusting abandonment of the family into the hands of the common Father in heaven" (FC, 59).

In our pastoral planning, however, we must not take for granted the continued strength and unity of the Catholic Hispanic family. Hispanic nuclear families are already experiencing the same social pressures faced by other groups. The unity of the Hispanic family is threatened in particular by the uprooting caused by mobility, especially from a rural to an urban life style and from Latin American countries to our own; by poverty which a high proportion of Hispanic families endure; and by pressures engendered by the process of assimilation, which often leads to generation gaps within the family and identity crises in young people.

There is an urgent need for pastoral ministries that will prepare our people well for married life, for parenthood, and for family counseling and religious education. We make a special plea for measures to assist Hispanic families which are "hurting" as well as the divorced, the separated, single parents, and victims of parental or spousal abuse.

---

9. A 1974 report by the Illinois State Advisory Committee to the U.S. Commission on Civil Rights suggests that the following characteristics are generally found among Hispanics: orientation towards the person rather than towards ideas or abstractions; commitment to individual autonomy within the context of familial and traditional Hispanic values; emphasis on the central importance of the family; emphasis on being rather than doing; emphasis on the father as the main authority figure.

Because of their unique family ties, we invite Hispanic families, along with those from other cultural groups with strong family traditions, to contribute to the gradual unfolding of the richness of Christ's truth. "In conformity with her constant tradition, the Church receives from the various cultures everything that is able to express better the unsearchable riches of Christ. Only with the help of all the cultures will it be possible for these riches to be manifested ever more clearly and for the Church to progress towards a daily, more complete and profound awareness of the truth which has already been given her in its entirety by the Lord" (FC, 10).

k. Migrant Farm Workers

As noted, Hispanics are highly mobile and are found in both urban and rural settings. As a result, they tend to escape the attention and care of the urban Church. This underlines the need for adaptations in pastoral care, particularly in the case of migrant workers.

There are three major migrant streams in the United States. In the East, farm workers migrate from Mexico, South America, and Florida north to New York and New England, working on sugar cane, cotton, tobacco, apple, and grape crops. In the Central Plains, migrants go north from Texas to the Great Lakes to harvest fruits, vegetables, and grains. There is also a substantial number of Puerto Rican seasonal laborers, most of them young and single, who work mainly in the Northeast. In the West, migrants move northward through California, Nevada, and Idaho up to the Northwest; some even go as far as Alaska in search of seasonal jobs. Migration usually begins in the spring and ends in late fall, when the migrants return to their southern home bases.[10]

Abuses of farm workers are notorious, yet they continue to go unrelieved. Conditions are worsening in many regions. Men and women are demoralized to the point where the riches of Hispanic culture, strong family ties and the profound faith life are sometimes lost. We denounce the treatment of migrants as commodities, cheap labor, rather than persons. We urge others to do the same. Economic conditions often require children to be part of the labor force. Along with the other problems associated with mobility, their education suffers. In

---

10. See *Farmworkers in the U.S.*, USCC, 1978.

the same vein, we find deplorable the abuse of the rights of undocumented workers. All this makes it imperative for the Church to support the right of migrant farm workers to organize for the purpose of collective bargaining.

Experience in the Hispanic apostolate suggests the need for mobile missionary teams and various forms of itinerant ministries. Dioceses and parishes in the path of migrant streams also have a responsibility to support this work and coordinate the efforts of sending and receiving dioceses.

Undoubtedly, too, Hispanic migrants themselves, whose agricultural understanding of life so closely resembles that of Jesus the Galilean,[11] have much to contribute to meeting the challenge.

1. Social Justice and Social Action

The integral evangelization described earlier as the central focus of the pastoral strategy we envisage will be incomplete without an active component of social doctrine and action. As we said in our pastoral letter on war and peace, "at the center of all Catholic social teaching, are the transcendence of God and the dignity of the human person. The human person is the clearest reflection of God's presence in the world" (CP, I). This thought must be applied specifically to the reality of the Hispanic presence and the ministry which responds to it.

In the past 20 years Catholic teaching has become increasingly specific about the meaning of social justice. From Pope John XXIII's encyclical *Pacem In Terris* to Pope John Paul II's *Laborem Excercens*, we have seen social teaching define as human rights such things as good governance, nutrition, health, housing, employment, and education. In the United States we have applied these teachings to the problems of our time and nation.

---

11. Reference is made to the human characteristics of Jesus and their link to the setting and circumstance of migrant workers. In *The Galilean Journey* and *Jesus the Galilean*, both published by Orbis Books, Rev. Virgilio Elizondo reflects on this theme. Jesus' outlook is seen as conditioned by His nationality, language, the political context and the religious understanding of His time. Elizondo picks up the pastoral experience of the Hispanic apostolate to establish parallels between the inhabitants of the conquered border province of Galilee in Roman times and the marginality of the Mexican-American in the United States. In *Journeying Together Toward the Lord* (USCC Department of Education & Secretariat for Hispanic Affairs, 1982), a manual for migrant catechists, this idea is used quite effectively as the vehicle for reflection on the faith.

Now we call attention to those social concerns which most directly affect the Hispanic community, among them voting rights, discrimination, immigration rights, the status of farm workers, bilingualism and pluralism. These are social justice issues of paramount importance to ministry with Hispanics and to the entire Church.

As it engages in social teaching, the Church embraces the quest for justice as an eminently religious task. Persons engaged in this endeavor must be involved with, informed by, and increasingly led by those who know from experience the paradoxical blessings of poverty, prejudice, and unfairness (Mt. 5:3). Accordingly, we urge Hispanics to increase their role in social action, and non-Hispanics increasingly to seek out Hispanics in a true partnership.

m. Prejudice and Racism

Within our memory, Hispanics in this country have experienced cruel prejudice. So extensive has it been in some areas that they have been denied basic human and civil rights. Even today Hispanics, blacks, the recent Southeast Asian refugees, and Native Americans continue to suffer from such dehumanizing treatment, treatment which makes us aware that the sin of racism lingers in our society. Despite great strides in eliminating racial prejudice, both in our country and in our Church, there remains an urgent need for continued purification and reconciliation. It is particularly disheartening to know that some Catholics hold strong prejudices against Hispanics and others and deny them the respect and love due their God-given human dignity.

This is evident even in some parish communities where one finds a reluctance among some non-Hispanics to serve with Hispanics or to socialize with them at parochial events. We appeal to those with this unchristian attitude to examine their behavior in the light of Jesus' commandment of love and to accept their Hispanic brothers and sisters as full partners in the work and life of their parishes. Our words in our pastoral letter on racism deserve repeating: "Racism is not merely one sin among many, it is a radical evil dividing the human family and denying the new creation of a redeemed world. To struggle against it demands an equally radical transformation in our own minds and hearts as well as the structure of our society" (BSU, p.10).

We urge those who employ Hispanics to provide them with safe and decent working conditions and to pay them salaries which enable them to provide adequately for their families. The inhuman condition of pervasive poverty forced on many Hispanics is at the root of many social problems in their lives. Decent working conditions and adequate salaries are required by justice and basic fairness.

n. Ties with Latin America

Hispanics in our midst are an as yet untapped resource as a cultural bridge between North and South in the Americas. The wellspring of Hispanic culture and faith is historically and geographically located in Latin America. For this reason, a dynamic response to the Hispanic presence in the United States will necessarily entail an ever greater understanding of and linkage with Latin American society and Church.

Latin America, the home of 350 million Catholics, continues to experience grave socioeconomic injustice, and, in many nations, a severe deprivation of the most basic human rights. These conditions are oppressive and dehumanizing; they foster violence, poverty, hatred, and deep divisions in the social fabric; they are fundamentally at variance with Gospel values.[12] And yet our fellow Catholics in Latin America, especially the poor, are often vibrant witnesses to the liberating quality of the Gospel, as they strive to build a "civilization of Love" (Puebla, 9).

We shall continue to support and assist the Church in Latin America. We also look forward to a continuing exchange of missionaries, since the cooperation we envision is not one-sided. For our part, we shall continue to send those most prepared to evangelize in Latin America, including our Hispanic personnel as they grow in numbers. With careful regard

---

12. Socioeconomic injustice and violations of human rights in a number of Latin American countries are the principal themes of concern expressed repeatedly by the U.S. Catholic Conference with reference to U.S. policy in the region. See *Quest for Justice: A Compendium of Statements of the United States Catholic Bishops on the Political and Social Order 1966-1980*, J. Brian Benestad and Francis J. Butler, NCCB/USCC, 1981, pp.123-129; also see pp.433-439 for a list of statements and testimony offered in that period; see also *Statement of the U.S. Catholic Conference on Central America*, 1981 and *Statement on U.S. Policy in Central America*, Archbishop John R. Roach, July 22, 1983. The same analysis is found in major statements by the Latin American Episcopal Council (CELAM). See *Declaration of Medellin*, CELAM, 1968; and *Message to the Peoples of Latin America*, CELAM, 1979.

to circumstances in the areas from which they come, we welcome Latin American and other priests and religious who come to serve Hispanics in the United States. We recommend that upon arrival they receive special language and cultural preparation for pastoral activity. The Church in the United States has much to learn from the Latin American pastoral experience; it is fortunate to have in the Hispanic presence a precious human link to that experience.

o. Popular Catholicism

Hispanic spirituality is an example of how deeply Christianity can permeate the roots of a culture. In the course of almost 500 years in the Americas, Hispanic people have learned to express their faith in prayer forms and traditions that were begun, and encouraged by missionaries, and passed from one generation to the next.

Paul VI recognized the value inherent in popular Catholicism. While warning against the possible excesses of popular religiosity, he nonetheless enumerated values that often accompany these prayer forms. If well-oriented, he pointed out, popular piety manifests a thirst for God, makes people generous, and imbues them with a spirit of sacrifice. It can lead to an acute awareness of God's attributes, such as his fatherhood, his providence, and his loving and constant presence (EN, 48).

Hispanic spirituality places strong emphasis on the humanity of Jesus, especially when he appears weak and suffering, as in the crib and in his passion and death. This spirituality relates well to all that is symbolic in Catholicism: to ritual, statues and images, holy places, and gestures. It is also a strongly devotional spirituality. The Blessed Virgin Mary, especially under the titles of Our Lady of Guadalupe (Mexico), Our Lady of Providence (Puerto Rico), and Our Lay of Charity (Cuba), occupies a privileged place in Hispanic popular piety.

A closer dialogue is needed between popular and official practice, lest the former lose the guidance of the Gospel and the latter lose the active participation of the unsophisticated and the poorest among the faithful (Medellin, 3). An ecclesial life vibrant with a profound sense of the transcendent, such as is found in Hispanic popular Catholicism, can also be a remarkable witness to the more secularized members of our society.

p. *Comunidades Eclesiales de Base*

Hispanics in the Americas have made few contributions to the Church more significant than the *comunidades eclesiales de base* (Basic Ecclesial Communities). The small community has appeared on the scene as a ray of hope in dealing with dehumanizing situations that can destroy people and weaken faith. A revitalized sense of fellowship fills the Church in Latin America, Africa, Europe, and Asia with pastoral joy and hope. The Synod of Bishops in 1974 witnessed an outpouring of such hope from Latin American pastors, who saw in *comunidades eclesiales de base* a source of renewal in the Church. Since these communities are of proven benefit to the Church (EN, 58), we highly encourage their development.

The *comunidad eclesial de base* is neither a discussion or study group nor a parish. It is "the first and fundamental ecclesiastical nucleus, which on its own level must make itself responsible for the richness and expansion of the faith, as well as of the worship of which it is an expression" (JPP, 10). It should be an expression of a Church that liberates from personal and structural sin; it should be a small community with personal relationships; it should form part of a process of integral evangelization; and it should be in communion with other levels of the Church. The role of the parish, in particular, is to facilitate, coordinate, and multiply the *comunidades eclesiales de base* within its boundaries and territories. The parish should be a community of communities. The ideal *comunidad eclesial de base* is a living community of Christians whose active involvement in every aspect of life is nourished by profound commitment to the Gospel.

q. Other Possibilities

We urge U.S. Catholics to use their best creative talents to go boldly beyond these first steps, which are merely prerequisites for effective action.

One opportunity for creative action arises from the presence of Hispanics in the U.S. military. We encourage the Military Vicariate to explore new means of integral evangelization, with particular attention to this Hispanic presence.

Similarly, as those in prison ministry know, incarcerated Hispanics are in dire need of attention. There is a need for pastoral ministers to assist in this area.

Among Hispanics there are also handicapped persons whose special needs are compounded by many of the problems we have described. According to estimates nearly 2 million Hispanic Catholics have one or more disabling conditions, including blindness, deafness, mental retardation, learning disabilities, and orthopedic impairments. There is a serious need for programs of ministry which encourage participation by disabled Hispanic Catholics.

This is only a partial list. As throughout this document, our intent here has been to encourage further reflection, dialogue, and action, not limit them.

IV. Statement of Commitment

13. While conscious of the many ethnic and racial groups who call legitimately upon our services and resources, and grateful for the present significant, if limited, outreach to the Hispanic people of the United States, we commit ourselves and our pastoral associates to respond to the call to Hispanic ministry. Awareness of the good works of the past and present must not make us slow to read the signs of the times. Our preparations today will make it easier to carry out tomorrow's task.

We recognize the realities of the U.S. Hispanic presence, the past efforts of those involved in the Hispanic apostolate, and the urgent need to launch new and creative efforts. To inaugurate this new era in the Church considerable adjustments will be required on the part of Hispanics and non-Hispanics alike. Yet we are hopeful that commitment to minister with Hispanics will lead to a reaffirmation of catholicity and a revitalization of all efforts to fulfull the Church's essential mission.

Commitment to Catholicity

14. The universal character of the Church involves both pluralism and unity. Humanity, in its cultures and peoples, is so various that it could only have been crafted by the hand of God. The Church recognizes this in saying that "each individual part contributes through its special gifts" (LG, 13). Yet the Church transcends all limits of time and race; humanity as a whole is called to become a People of God in peace and unity.

The Gospel teaching that no one is a stranger in the Church is timeless. As the Apostle Paul says, "there does not exist among you Jew or Greek, slave or freeman, male or female. All are one in Christ Jesus" (Gal. 3:28).

Our commitment to Hispanic ministry therefore leads us, as teachers, to invite *all* Catholics to adopt a more welcoming attitude toward others. Hispanics, whose presence in this land is antedated only by that of Native Americans, are called to welcome their brothers and sisters, the descendants of other European immigrants. Similarly, the latter are called to embrace Hispanic newcomers from Latin America. Where all are freed from attitudes of cultural or ethnic dominance, the gifts of all will enrich the Church and give witness to the Gospel of Jesus Christ.

Commitment to Respond to Temporal Needs

15. Evangelization is a spiritual work which also extends to all that is human and seeks to bring it to fulfillment. Pope John Paul II reminded us of this when he said, "The Church will never abandon man, nor his temporal needs, as she leads humanity to salvation" (ABUS).

Our Hispanic faithful proclaimed this same reality in their *II Encuentro*; there they make a commitment to integral evangelization, "with the testimony of a life of service to one's neighbor for the transformation of the world" (II ENHP, Evangelization, 1).

We in our turn pledge to raise our voices and go on raising them as leaders in defense of the human dignity of Hispanics. We remind our pastoral associates that their work includes the effort to gain for Hispanics participation in the benefits of our society. We call all U.S. Catholics to work not just for Hispanics but with them, in order to secure their empowerment in our democracy and the political participation which is their right and duty. In this way we deepen our preferential option for the poor which, according to Jesus' example and the Church's tradition, must always be a hallmark of our apostolate (Puebla, 1134).

Call to Recognize the Hispanic Reality

16. In committing ourselves to work *with* Hispanics and not simply *for* them, we accept the responsibility of acknowledging, respecting, and valuing their presence as a gift. This presence represents more than just potential; it now performs a valuable service for our Church and our society although this service is often overlooked; it is a prophetic presence, one to be encouraged and needed.

Commitment of Resources

17. Also part of our commitment, as shepherds and stewards of the common resources of the Church, is the pledge to harness these resources for Hispanic ministry. We make this explicit when we keep in mind and take steps to make visible the spirit of the early Christian community (Acts 2:44).

More than an expression of sentiment, this declaration of commitment includes the recognition that we must secure the financial and material resources necessary to reach our goals.

We see the need to continue to support, on a more permanent basis, the existing national, regional, and diocesan entities of the Hispanic apostolate. Given the obvious limitations of resources, it is also necessary to supervise and evaluate current efforts more thoroughly, so as to encourage the best use of personnel, monies, and physical plants. In addition, it is imperative to call to the attention of the appropriate administrators the need to seek more qualified Hispanics to serve their communities. More Hispanics are also needed in the offices of the National Conference of Catholic Bishops and the United States Catholic Conference, in our regional and diocesan offices, our schools, our hospitals, and in the many other agencies of the Church.

What now exists is not sufficient to meet all the needs and challenges. Serious efforts to assess these needs more carefully and earmark resources for Hispanic ministry must take place at every level. The Church in the United States is fortunate in having at its disposal a variety of institutions and ministries whose energies can and should be applied to the task. Schools, parishes, pastoral institutes, communication media, and a variety of specialized ministries must all be encouraged to make this commitment their own.

In the face of very real financial constraints we pledge to explore new possibilities for funding. We are aware of creative budgeting formulas which encourage all ministries and agencies to respond to the Church's priorities; we shall study these as we strive to respond to this clear pastoral need.

Convocation for the *III Encuentro*

18. We ask our Hispanic peoples to raise their prophetic voices to us once again, as they did in 1972 and 1977, in a *III Encuentro Nacional Hispano de Pastoral*, so that together we can face our responsibilities well. We call for the launching of an *Encuentro* process, from *comunidades eclesiales de base* and parishes, to dioceses and regions, and to the national level, culminating in a gathering of representatives in Washington, D.C., in August 1985.

Towards a Pastoral Plan

19. Beyond the *Encuentro* process, in which we shall take part, we recognize that integral pastoral planning must avoid merely superficial adaptations of existing ministries. We look forward to reviewing the conclusions of the *III Encuentro* as a basis for drafting a National Pastoral Plan for Hispanic Ministry to be considered in our general meeting at the earliest possible date after the *Encuentro*.

Conclusion

20. As we continue our pilgrimage together with our Hispanic brothers and sisters, we frame our commitment in the same spirit as our brother bishops of Latin America gathered at Puebla (MPLA, 9):

(a) We call upon the entire Catholic Church in the United States—laity, religious, deacons, and priests—to join us in our pledge to respond to the presence of our Hispanic brothers and sisters;

(b) We honor and rejoice in the work that has taken place before us, and we pledge our best efforts to do even better henceforth;

(c) We envisage a new era of ministry with Hispanics, enriched by the gifts of creativity placed providentially before us and by the Spirit of Pentecost who calls us to unity, to renewal, and to meeting the prophetic challenge posed by the Hispanic presence;

(d) We commit ourselves to engage in a thorough, conscientious, and continuing pastoral effort to enhance the catholicity of the Church and the dignity of all its members;

(e) We look hopefully to the greater blessings Hispanics can bring to our local churches.

May this commitment receive the blessing, the encouragement, and the inspiration of Our Lord. May His Blessed Mother, Patroness of the Americas, accompany us in our journey. Amen.

La Presencia Hispana

Esperanza y Compromiso

**Una Carta Pastoral sobre el
Ministerio Hispano**

12 de diciembre de 1983
National Conference of Catholic Bishops

Contenido

Lista de Abreviaciones

AA
Apostolicam Actuositatem (Decreto Sobre el Apostolado de los Seglares), Vaticano II, 1965.

ABUS
Declaración a los Obispos de los Estados Unidos, Papa Juan Pablo II, octubre 1979.

BSU
Nuestros hermanos y hermanas, Conferencia Nacional de Obispos Católicos, 1979.

CELAM
Consejo Episcopal Latinoamericano.

CP
The Challenge of Peace (El Desafío de la Paz), Conferencia Nacional de Obispos Católicos, 1983.

CT
Catechesi Tradendae (Sobre la Catequesis), Exhortación Apostólica del Papa Juan Pablo II, 1979.

EN
Evangelii Nuntiandi (La Evangelización del Mundo Moderno), Exhortación Apostólica del Papa Pablo VI, 1975.

II ENHP
II Encuentro Nacional Hispano de Pastoral, Conclusiones.

FC
Familiaris Consortio (Exhortación Apostólica sobre la Familia), Papa Juan Pablo II, 1981.

GE
Gravissimum Educationis (Declaración sobre la Educación Cristiana), Vaticano II, 1965.

GS
Gaudium et Spes (Constitución Pastoral de la Iglesia en el Mundo Actual), Vaticano II, 1965.

JPP
Planificación de la Pastoral de Conjunto, Medellín, CELAM, 1968.

LG   *Lumen Gentium* (Constitución Dogmática sobre la Iglesia), Vaticano II, 1964.

MPLA Mensaje a los Pueblos de América Latina, Puebla, CELAM.

Medellín Documentos Finales de la II Conferencia General del CELAM, 1968.

NCCB Conferencia Nacional de Obispos Católicos.

NCD   *National Catechetical Directory* (Directorio Cate-quético Nacional), Conferencia Nacional de Obispos Católicos, 1979.

PHB   Carta Pastoral de los Obispos Hispanos de los Estados Unidos, Los Obispos hablan con la Virgen, 1982.

Puebla Documentos Finales de la III Conferencia General del CELAM, 1979.

SC   *Sacrosanctum Concilium* (Constitución sobre la Sagrada Liturgia), Vaticano II, 1963.

USCC *United States Catholic Conference* (Conferencia Católica de los Estados Unidos).

UR   *Unitatis Redintegratio* (Decreto sobre el Ecumenismo), Vaticano II, 1964.

I. Llamado al Ministerio Hispano

1. En este momento de gracia reconocemos que la comunidad hispana que vive entre nosotros es una bendición de Dios. Exhortamos a todas las personas de buena voluntad a que compartan nuestra visión de los dones especiales que los hispanos traen al Cuerpo de Cristo, su Iglesia peregrina sobre la tierra (I Cor. 12:12-13).

Invocando a la Santísima Virgen María para que nos guíe, deseamos especialmente exponer nuestras reflexiones sobre la presencia hispana en los Estados Unidos a los católicos laicos, religiosos y religiosas, diáconos y sacerdotes de nuestro país. Pedimos a los católicos, que como miembros del Cuerpo de Cristo, al desempeñar las funciones que les corresponden, presten verdadera atención a nuestras palabras. La presencia hispana nos estimula a todos a ser más *católicos* y a tener un espíritu más amplio con respecto a la diversidad de la expresión religiosa.

2. Aunque como resultado de esta presencia, la Iglesia ha de afrontar muchas necesidades pastorales, nos agrada que los católicos hispanos expresen el deseo de tener más oportunidad de compartir sus dones históricos, culturales y religiosos con la Iglesia que consideran suya, y a la que ven como parte vital de su tradición. Escuchemos su voz. Hagamos que todos se sientan en la Iglesia como en su propia casa (PHB, I. b & III. c). Seamos una Iglesia verdaderamente universal, una Iglesia acogedora, recibiendo con agrado los dones y expresiones diversas de nuestro credo: "un solo Señor, una sola fe, un solo bautismo, un solo Dios y Padre de todos" (Ef. 4:5-6).

3. Los hispanos ejemplifican y fomentan valores esenciales para el servicio a la Iglesia y a la sociedad. Entre estos valores se hallan los siguientes:

(a) Un profundo respeto por la dignidad de cada *persona*, que refleja el ejemplo de Cristo en el Evangelio;

(b) Un profundo y respetuoso amor por la *vida familiar*, en la que toda la "familia extensa" halla sus raíces, su identidad y su fortaleza;

(c) Un maravilloso sentido de *comunidad* que celebra la vida mediante la "fiesta";

(d) Un afectuoso agradecimiento por la *vida*, don de Dios, y un concepto del tiempo que les permite disfrutar de ese don;

(e) Una auténtica y firme *devoción a María*, Madre de Dios.

4. Todos tenemos la obligación de apreciar nuestra propia historia y reflexionar sobre el origen étnico, racial y cultural que nos hace ser una nación de inmigrantes. Desde el punto de vista histórico, la Iglesia de los Estados Unidos ha sido una "Iglesia de inmigrantes," cuya historia notable con respecto a la atención prestada a innumerables inmigrantes europeos sigue siendo única. Hoy esa misma tradición debe inspirar a la Iglesia, una autoridad, compasión y determinación similar, al acercarse a los recientes inmigrantes y migrantes hispanos.

Aunque crece el número de hispanos en nuestro país sería engañoso insistir solamente en este crecimiento numérico. Fijarse principalmente en el número podría llevarnos con facilidad a ver en los hispanos un gran problema pastoral y pasar por alto, al mismo tiempo, el hecho aún más importante de que constituyen una oportunidad pastoral única.

Ciertamente las necesidades pastorales de los católicos hispanos son grandes. Aunque su fe es profunda y firme, se halla asediada y mermada por las presiones constantes de la dinámica social de asimilación. Por otra parte, la historia, la cultura y la espiritualidad que animan su fe viva, merecen que todos nosotros las conozcamos, las compartamos y las apoyemos. Su contribución pasada y presente a la vida de fe de la Iglesia merece aprecio y reconocimiento.

Actuemos juntos para crear una visión pastoral y una estrategia que surgiendo de un pasado memorable, se renueve con el impulso creador del presente.

5. La Iglesia tiene un amplio conjunto de enseñanzas sobre la cultura y la relación íntima de ésta con la fe. "En la propia revelación a su pueblo que culminó con la manifestación plena de su Hijo encarnado, Dios habló de acuerdo a la cultura propia de cada época. En forma similar, en circunstancias diversas, la Iglesia ha existido a través de los siglos y ha utilizado las riquezas de las diferentes culturas en su predicación, para esparcir y explicar el mensaje de Cristo, examinarlo, entenderlo más profundamente y expresarlo más perfectamente en la liturgia y en varios aspectos de la vida de fe" (GS, 58).

Del mismo modo que para otros pueblos con una fuerte tradición católica, para los hispanos la religión, la cultura, la fe y la vida, son inseparables. El catolicismo hispano es un ejemplo notable de cómo el Evangelio puede impregnar una cultura hasta sus mismas raíces (EN, 20). Pero esto también nos recuerda que ninguna cultura carece de defectos y pecados. La cultura hispana, lo mismo que cualquier otra, necesita ser confrontada por el Evangelio.

El respeto por la cultura se basa en la dignidad de la persona, hecha a imagen de Dios. La Iglesia muestra su estima por esta dignidad, tratando de asegurar que el pluralismo y no la asimilación o la uniformidad, sea el principio que guíe la vida de las comunidades, tanto eclesiales como seculares. Todos nosotros en la Iglesia, debemos hacer que la aceptación de nuestros hermanos hispanos sea más amplia, y que nuestro compromiso hacia ellos, sea más profundo.

Realidad Hispana

6. No hay cultura europea mas antigua en nuestro país que la hispana. Los españoles y sus descendientes ya estaban en el sudeste y sudoeste a fines del siglo XVI. En otras regiones de nuestro país la afluencia constante de inmigrantes hispanos ha hecho que estos fueran más visibles en tiempos más recientes. Mirando al futuro se ve claramente que la población hispana en los Estados Unidos cobrará mucha más importancia, tanto en la sociedad en general, como en la Iglesia en particular.

Hace sólo 30 años el censo de los Estados Unidos estimó que había 6 millones de hispanos en el país. El censo de 1980 contó casi 15 millones, cifra en la que no se incluyen los habitantes de la isla de Puerto Rico, los múltiples trabajadores indocumentados, los recién refugiados cubanos, los que han huido de la creciente violencia en América Central y del Sur, ni tampoco otros muchos hispanos omitidos por el censo. Algunos expertos estiman que la población total hispana en los Estados Unidos es por lo menos de 20 millones.[1]

Actualmente los Estados Unidos ocupa el quinto lugar en el mundo, entre los países de habla española. Sólo México, España, Argentina y Colombia tienen mayor número de hispanos.[2]

Los católicos hispanos son muy diversos. Provienen de 19 repúblicas latinoamericanas, Puerto Rico y España. El grupo mayoritario es el de los méxico-americanos que constituyen el 60 por ciento. A éstos les siguen los puertorriqueños, que constituyen el 17 por ciento, y los cubanos que constituyen el 8 por ciento. Los dominicanos, peruanos, ecuatorianos, chilenos, y cada vez más, los centroamericanos; en especial los salvadoreños, lo mismo que otros latinoamericanos, están ampliamente representados.

Los hispanos son distintos en su origen racial, su color, su historia, sus logros y manifestaciones de fe y también en el grado de desventaja racial y económica que sufren. Sin embargo, comparten muchos elementos culturales, entre los que se incluyen un catolicismo profundamente enraizado, valores como el del compromiso hacia la familia extensa, el idioma común, español, aunque hablado con diversos acentos.

Los hispanos se hallan en todos los estados de la Unión y en casi todas la diócesis. Aunque muchos, especialmente en el sudoeste, viven en zonas rurales. Más del 85 por ciento se hallan en grandes centros urbanos como Nueva York, Chicago, Miami, Los Angeles, San Antonio y San Francisco. En lugares como Hartford, Washington, D.C., y Atlanta, son prueba de su presencia el número creciente de anuncios en español e

---

1. Aún no se ha realizado un censo exacto de los hispanos. Según se probó en un juicio, el censo de 1970 no contó a todos los hispanos. Se han hecho reclamaciones similares con respecto a las cifras de 1980. Los cálculos aproximados, que incluyen a toda la población citada en el texto varían de 15 a 17 millones. Nuestra preferencia por 20 millones acepta como posible lo siguiente: 14.6 millones (censo de 1980) más 3.2 millones (población de Puerto Rico), más 126,000 refugiados cubanos de Mariel (cálculo aproximado de la Conferencia Católica de los Estados Unidos), más 1.9 millones (cálculo aproximado en 1978 de los hispanos indocumentados), además de personas no contadas por identificación impropia de hispanos. Véase *Hispanic Catholics in the United States*, P. Frank Ponce, *Pro-Mundi Vita*, Bruselas, 1981.

2. Las poblaciones hispano-parlantes mencionadas son las siguientes: México, 71.9 millones, España 37.5 millones, Colombia 27.6 millones, Argentina 27 millones (Naciones Unidas, 1980).

inglés, así como otros grandes barrios hispanos.[3]

Es significativo el hecho de que los hispanos constituyen la población más joven de nuestro país. Su edad promedio, 23.2, es menor que la de los demás grupos. El 54 por ciento de los hispanos tienen aproximádamente 25 años o menos.

Condiciones Socioeconómicas

7. En general, la mayoría de los hispanos de nuestro país viven en la pobreza, o casi en la pobreza. Se han producido ciertas mejoras en su situación económica y social en la última generación, en conjunto, pero todavía los hispanos no han empezado a compartir la riqueza de nuestro país; riqueza que ellos han contribuido a producir. A pesar de las crecientes expectativas, la participación de los hispanos en el proceso político es limitado, a causa de su subdesarrollo económico y social. Por esta razón, están insuficientemente representados en el nivel de los que toman decisiones, tanto en la Iglesia como en la sociedad.

El promedio de ingreso anual de las familias no hispanas es de $5,000 más que el de las familias hispanas. El 22.1 por ciento de los hispanos viven en la pobreza, comparado con el 15 por ciento de la población en general.[4]

Históricamente, el desempleo ha sido siempre mayor entre los hispanos que entre los demás. Los puertorriqueños son los más afectados, con un índice de desempleo que suele ser un tercio más alto que el de los otros hispanos.[5] En tiempos de crisis, como en la depresión económica del comienzo de la década de los ochenta, los hispanos se hallaban entre los últimos para ser contratados y entre los primeros para ser despedidos.

Más de la mitad de los hispanos empleados tienen puestos

---

3. Barrios: En los Estados Unidos, esta palabra en español ha llegado a significar los vecindarios hispanos, generalmente pobres, de muchas ciudades importantes.

4. Véase *Money, Income and Poverty Status of Families and Persons in the United States*: 1981, Serie p-60, No. 134, Oficina del Censo, Washington, D.C., julio de 1982.

5. Las cifras del gobierno de los Estados Unidos correspondientes a 1981 indican una tasa promedio de desempleo entre los hispanos de 9.8 por ciento; 9.4 por ciento en el caso de los méxico-americanos, 7.8 en el de los cubanos y 13.4 en el de los puertorriqueños.

de trabajo que no son ni profesionales ni administrativos. Trabajan principalmente como braceros en la agricultura, o están empleados en los servicios urbanos. En ninguno de estos dos sectores ha tenido éxito todavía la lucha valerosa de los trabajadores por obtener medios adecuados de negociación y para conseguir una remuneración justa.

La falta de preparación académica y profesional es uno de los factores importantes que mantienen a los hispanos en la pobreza. Aunque ahora los hispanos que terminan los estudios secundarios y universitarios son más que hace diez años; sólo el 40 por ciento de ellos termina la escuela secundaria con éxito, en comparación con el 66 por ciento de la población en general. Los hispanos están insuficientemente representados, incluso dentro de la población del sistema escolar católico, en el que representan sólo el 9 por ciento de la población estudiantil.

Las oportunidades educativas en las zonas de gran concentración hispana, con frecuencia son inferiores a lo normal. Una frustración inicial en la escuela lleva a muchos hispanos a abandonar los estudios sin haber adquirido la preparación necesaria, mientras muchos de los que permanecen en la escuela se encuentran en un sistema educativo que no siempre les apoya. Con frecuencia los estudiantes hispanos se hallan en una encrucijada cultural. Viven en su hogar según la tradición hispana, al mismo tiempo que en la escuela y en el trabajo sienten que se ejerce presión sobre ellos para que se dejen asimilar y abandonen sus costumbres y tradiciones.

Datos impersonales nos dicen que los hispanos son numerosos, aumentan rápidamente, son de diversas nacionalidades de origen, y se hallan por todos los Estados Unidos. Su situación económica y social es inferior y tienen necesidad de un mayor acceso a la educación y de entrar en el proceso de la toma de decisiones, pero hay una realidad humana detrás de los datos encuestos y a veces desalentadores. Vemos en los rostros de los hispanos una serenidad profunda, una esperanza constante y una alegría llena de vitalidad. En muchos de ellos observamos el sentido evangélico de la gracia y el carácter profético de la pobreza.

II. Logros en el Ministerio Hispano de los Estados Unidos

8.   Al intentar responder a las necesidades pastorales de los hispanos, nos basamos en la labor iniciada hace muchos años. Reconocemos con gratitud lo que hicieron hombres y mujeres previsores, hispanos y no hispanos, quienes siendo pioneros en este apostolado, ayudaron a mantener y a enriquecer la fe de cientos de miles de personas. Merece que se les reconozca sus valerosos esfuerzos.

9.   La supervivencia de la fe entre los hispanos en muchos aspectos parece casi un milagro. Incluso en momentos en que la Iglesia oficial no podía estar presente, la fe permaneció debido a la familia (la tradición religiosa familiar proporcionó un ímpetu v dinamismo a los que se debe la conservación de la fe). Pero no dependamos hoy solamente de esta tradición. Todas las generaciones de todas las culturas tienen necesidad de ser evangelizadas (EN, 54).

Una de las glorias de las mujeres hispanas, laicas y religiosas, ha sido el papel que han desempeñado alimentando la fe y manteniéndola viva en su familia y comunidad. Ellas han sido, tradicionalmente, las principales formadoras en la oración, las catequistas y con frecuencia las modelos excelentes del discipulado cristiano.

El creciente número de dirigentes laicos y diáconos permanentes (20 por ciento del total de los Estados Unidos) es un signo de que el liderazgo laico de las bases se ha llamado a servir a la Iglesia.

También son dignos de mencionar los diversos movimientos apostólicos que han ayudado a asegurar la supervivencia de la fe de muchos católicos hispanos. Por ejemplo, los *Cursillos de Cristiandad, Encuentros Conyugales, Encuentros de Promoción Juvenil*, el *Movimiento Familiar Cristiano, Comunidades Eclesiales de Base*, y la *Renovación Carismática*, así como otros más, han sido muy útiles para poner de manifiesto las posibilidades apostólicas de muchas personas, matrimonios y comunidades hispanas. Muchas asociaciones, como PADRES y HERMANAS han proporcionado una red de apoyo a sacerdotes y mujeres del movimiento cristiano hispano.

Entre los que han colaborado generosamente en esta tarea figuran las congregaciones religiosas de hombres y mujeres. El hecho de que un porcentaje importante de los sacerdotes hispanos sea religioso es un signo de que dichas congregaciones han dedicado sus recursos, su personal y su energía a esta labor. Las congregaciones religiosas de mujeres han ayudado de forma muy especial a satisfacer las necesidades espirituales y materiales de los braceros agrícolas migrantes, los pobres de las ciudades, los refugiados de América Latina y los indocumentados. Los misioneros norteamericanos que vuelven de América Latina regresan con un gran interés por los hispanos y un deseo de dedicarse a su cuidado.

Ya desde por el año 1940 los obispos mostraron auténtica preocupación por los católicos hispanos al establecer, por iniciativa del arzobispo de San Antonio, Monseñor Robert E. Lucey, una comisión especial con objeto de que se ocupara de los hispanos del sudoeste. En 1912 Philadelphia empezó el apostolado hispano. Nueva York y Boston establecieron oficinas diocesanas para los hispanos parlantes en los años cincuenta. Anteriormente ya se había organizado para atender a los hispanos en otras zonas del país.

Más adelante, los constantes esfuerzos de los obispos, quienes reconocieron la necesidad de la presencia hispana en la dirección nacional de la Iglesia, culminaron en el establecimiento en 1970, de la Sección de los Hispano-parlantes de la Conferencia Católica de los Estados Unidos, dentro del Departamento de Desarrollo Social de esta Conferencia. En 1974 la Sección se convirtió en el Secretariado de Asuntos Hispanos de la Conferencia Nacional de Obispos Católicos, de la Conferencia Católica de los Estados Unidos.

Bajo la dirección de los obispos, y con el apoyo del Secretariado de Asuntos Hispanos de la Conferencia Nacional de Obispos Católicos, los católicos hispanos han sido responsables de dos Encuentros Nacionales de Pastoral. En 1972 y 1977 estas reuniones de laicos y laicas dedicados a sus propias comunidades, se concluyeron con llamados proféticos a toda la Iglesia. Igualmente, como resultado del Segundo Encuentro Nacional Hispano de Pastoral, celebrado en 1977, se impulsó la pastoral juvenil hispana a nivel regional, diocesano y parroquial, mediante la *"National Youth Task Force,"* que se denomina actualmente Comité Nacional Hispano de Pastoral Juvenil.[6]

El nombramiento de obispos y arzobispos hispanos desde 1970 ha acrecentado considerablemente este apostolado. Nos alegramos con todos los católicos hispanos, que ven en estos nuevos obispos un signo claro y manifiesto de que la Santa Sede reconoce su presencia y la aportación que son capaces de hacer a la vida de la Iglesia en los Estados Unidos. Los últimos delegados apostólicos han expresado su preocupación por los grupos étnicos y minoritarios de la Iglesia de nuestro país y han pedido a las jerarquias de la Iglesia que atiendan sus necesidades.

En la última década también se han establecido oficinas regionales, institutos pastorales, comisiones y oficinas diocesanas y centros pastorales, todos los cuales se han convertido en instrumentos pastorales eficaces de servicio a los hispanos.

---

6. Véase las *Conclusiones del II Encuentro*, Conferencia Católica Nacional de los Obispos, Secretariado de Asuntos Hispanos, 1977.

III. Implicaciones Pastorales Urgentes

10. Pedimos a todos los católicos de los Estados Unidos que estudien las posibilidades creativas para responder de forma innovadora, flexible e inmediata a la presencia hispana. Los hispanos y los no hispanos deben actuar unidos, enseñarse mutuamente, aprender unos de otros y juntos evangelizar en el sentido más amplio y completo de la palabra. Hoy, más que nunca, se necesita para atender al pueblo hispano, clero no hispano, especialmente religiosos, sacerdotes y obispos que hayan estado a la vanguardia del apostolado hispano.

La Misión de la Iglesia y la Presencia Hispana

11. Desde una perspectiva eclesial, la evangelización, que constituye la principal misión y finalidad de la Iglesia, no consiste simplemente en llamadas aisladas a la conversión individual, sino en una invitación a unirse al pueblo de Dios (EN, 15). Esto se refleja en la experiencia hispana de evangelización, en la que se incluye un importante elemento comunitario, expresado en una visión integral de la fe y en la actividad pastoral que se realiza en comunidad (II ENHP, I.4.c).

Esta experiencia se resume en el concepto de pastoral de conjunto, un enfoque y método de acción pastoral surgido de la reflexión común entre los agentes de evangelización (Puebla, 650, 122 y 1307). En la pastoral de conjunto está implícito el reconocimiento de que tanto el sentir de los fieles como las enseñanzas de la jerarquía son elementos esenciales en la concepción de la fe. Este enfoque pastoral reconoce también que la misión pastoral de la Iglesia se ejerce mejor en un espíritu de concordia y apostolado de grupo (AA, 18).

Un apostolado hispano eficaz incluye la aplicación de esta experiencia, que puede beneficiar a la Iglesia en todos sus esfuerzos por cumplir su misión. En este sentido, es esencial una visión integral, forjada en común, que acepte como preocupaciones religiosas todas las necesidades humanas y las afronte aprovechando todas las realidades.

Posibilidades Creativas

12. Por consiguiente, invitamos a todos nuestros sacerdotes, diáconos, religiosos y laicos a que consideren las siguientes oportunidades creativas:

a. Liturgia

Nuestra Iglesia, que es universal, "respeta y fomenta las cualidades y dones espirituales de las diversas razas y pueblos" en su vida litúrgica (SC, 37). Al aplicar esto a la presencia hispana, se necesitan tomar medidas para celebrar el culto en español o en forma bilingüe, según las tradiciones y costumbres del pueblo al que se sirve. Esto nos debe llevar a estudiar mejor las formas de oración de los hispanos. Es alentador ver que los católicos hispanos, artistas y músicos, ya están haciendo aportaciones a la liturgia en nuestro país.

Es esencial la presencia de liturgistas hispanos en las comisiones parroquiales y diocesanas. Deben hacerse todos los esfuerzos posibles para que esta presencia llegue a ser una realidad.

Como para muchos católicos hispanos su hogar ha sido una verdadera "iglesia doméstica," éste se transformó, tradicionalmente, para ellos en el centro de la fe y del culto. Por consiguiente, se debe valorar y alentar la celebración de las fiestas tradicionales y las ocasiones especiales en el hogar.

La selección del arte litúrgico, gestos y música, junto con un espíritu de hospitalidad, pueden convertir nuestras iglesias y altares en hogares espirituales y crear en nuestras comunidades un ambiente que invite a la fiesta familiar.

b. Renovación de la Predicación

El rescate y proclamación de la Palabra con nuevas imágenes poderosas y liberadoras, es una necesidad ineludible en el ministerio hispano. Así decía el apóstol Pablo: "¿Cómo pueden creer si no han oido hablar de El? Y ¿cómo pueden oir hablar de El si no hay nadie que predique?" (Rom. 10:14).

Los que predican deben tener siempre presente que la capacidad de escuchar está ligada a la lengua, la cultura y la realidad del que escucha. Al proclamar el mensaje del evangelio, deben procurar hacer suya esta característica y esta realidad, con el fin de que sus palabras transmitan el verdadero contenido liberador del evangelio.

Sedientos de la Palabra de Dios, los hispanos desean una predicación clara y simple del mensaje y de su aplicación a la vida. Reaccionan favorablemente ante una predicación eficaz y con frecuencia expresan un anhelante deseo de una predicación mejor y más eficaz que exprese el mensaje evangélico con palabras que ellos puedan comprender.

Recomendamos encarecidamente que tanto los sacer dotes que se dedican al apostolado hispano, como los sacerdotes de parroquias y los capellanes, se matriculen en cursos de español para que puedan más fácilmente hablar con los hispanos y escucharles. Del mismo modo, pedimos a los diáconos permanentes hispanos, que adquieran una mayor facilidad de predicación y que ejerzan con más frecuencia el ministerio de la Palabra. En este sentido, es necesario la educación continua de los diáconos permanentes, así como la evaluación periódica de su ministerio.

c. Catequesis

La catequesis, así como la evangelización inicial, debe partir de la realidad en la que se encuentra el oyente del evangelio (EN, 44). En el caso de los hispanos, esto implica no simplemente el uso del español, sino un auténtico diálogo, con su cultura y necesidades (NCD, 229). Puesto que la educación religiosa es un proceso de toda la vida para la persona (NCD, 32), las parroquias deben ofrecer en la catequesis un ambiente que impulse en todos los aspectos, la formación progresiva, tanto de los adultos como de los niños. Estos esfuerzos deben ser equivalentes a los de los programas para niños de habla inglesa, en lo que se refiere a su eficacia, al igual que necesitan ser explorados nuevos métodos para adultos.

Igualmente, es esencial que las diócesis patrocinen cursos de formación en español para catequistas hispanos y asegurarse que estos catequistas tengan un material apropiado y eficaz, así como programas en español (NCD 194, 195). Los catequistas deben aprovechar todos los "momentos oportunos" para enseñar la doctrina de la Iglesia a los católicos hispanos. Las celebraciones familiares hispanas[7] como bautismos, quinceaños, bodas, aniversarios, fiestas patrias, novenarios, velorios y funerales, suelen ser excelentes oportunidades para enseñar y también "momentos de gracia," que permiten al catequista basarse en las tradiciones del pueblo y usarlas como ejemplos vivos de las verdades evangélicas (Puebla, 59 y CT, 53).

En todo nuestro país existe un profundo anhelo y hambre, "no hambre de pan ni sed de agua, sino de escuchar la palabra del Señor" (Amos 8:11). Pedimos que se hagan esfuerzos continuos para iniciar la formación de grupos de estudio de la Biblia en las comunidades hispanas y preparar a dirigentes hispanos para que guíen y dirijan estos programas bíblicos.

d. Vocación y Formación de los Ministros Laicos

En el ministerio hispano debe tenerse como gran prioridad la formación adecuada. En la planificación de esta for-

---

7. Las celebraciones familiares hispanas dominantes en los Estados Unidos y descritas en el texto pueden definirse como sigue:

(a) *Quinceañeras*: Celebración que se hace cuando una joven cumple quince años. La familia hispana suele hacer esta celebración como un rito de paso a la edad adulta. La hermana Angela Erevia, del Centro Cultural México-americano, de San Antonio, Texas, ha llamado esta celebración un "momento oportuno" (para enseñar), puesto que en ella se incluye tradicionalmente, como algo principal, una misa quinceañera en la que se da gracias a Dios por los quince años de la joven.

(b) *Fiestas Patrias*: Hace referencia a la fiesta nacional principal de cada país latinoamericano, que suele ser, aunque no siempre, la que corresponde al día de la independencia y constituye una ocasión muy especial en la vida de muchas comunidades hispanas de los Estados Unidos.

(c) *Novenarios*: Devoción demostrada a los Santos y a la Santísima Virgen María mediante diversas novenas. Esto ocurre tradicionalmente en el hogar y se reúne toda la familia para rezar y realizar lecturas especiales de devocionarios, con frecuencia, a continuación de un acontecimiento familiar importante. Un ejemplo notable es el *Novenario de Difuntos*, que se celebra en los días que siguen al fallecimiento de un familiar.

(d) *Velorios*: En la costumbre tradicional de la familia hispana éstos son con frecuencia algo más que reuniones de parientes lejanos. En ellos hay momentos de oración. Muchas familias hispanas aun consideran el rosario como una forma esencial de oración que forma parte del luto cristiano.

mación los objetivos de incrementar el pluralismo y la catolicidad determinará los medios a seguir. La formación debe tender a incluir el conocimiento y la experiencia práctica necesaria para ejercer el ministerio eficazmente, fomentando al mismo tiempo un compromiso serio de servicio.

Aunque los hispanos no tienen suficiente clero preparado para ejercer el ministerio entre ellos, hay entre sus filas muchos laicos dispuestos a responder al llamado de ser apóstoles (AA, 3). Desde ese punto de vista, concluímos que el fomento de las vocaciones y la preparación para los ministerios laicos, ayudarán a proporcionar los tan necesitados trabajadores de la viña.

Un modelo en este sentido es la escuela de ministerios[8] que ayuda a preparar dirigentes laicos, invita a los jóvenes a una mayor participación en la Iglesia y posiblemente puede convertirse en un lugar de elección de vocaciones sacerdotales y religiosas.

e. Vocaciones al Sacerdocio y a los Ministerios Religiosos

La escasez de sacerdotes, religiosos y diáconos permanentes hispanos es uno de los problemas más graves con que se enfrenta la Iglesia en los Estados Unidos. Existen razones históricas para esta lamentable falta de vocaciones hispanas, entre ellas la del descuido. Otra razón importante en el pasado de que muchos hispanos no perseverasen en continuar su vocación, fué la presencia en seminarios y conventos de expresiones culturales, tradiciones, lengua, relaciones familiares y experiencias religiosas que estaban en conflicto con las suyas.

---

8. *Escuelas de Ministerios.* Durante la pasada década, varias diócesis han establecido centros para la formación de dirigentes laicos, centros que se concocen generalmente con este nombre. Aunque varían de un lugar a otro, estas escuelas de ministerios generalmente ofrecen un programa central de estudios catequísticos y bíblicos básicos, arte y decoración de iglesias, y estudios de ciencias sociales y humanidades. Además preparan a los estudiantes para diversos ministerios especializados, teniendo en cuenta la capacidad y la preferencia de los estudiantes y las necesidades de la diócesis. El objetivo primordial de las escuelas es promover a personas comprometidas y con dotes de dirigentes, al servicio de sus respectivas comunidades. Los que terminan los programas y muestran más deseo en servir se les encomienda trabajar como líderes del movimiento laico, catequistas, lectores, ministros extraordinarios de la Eucaristía, y dirigentes de pequeñas comunidades y grupos de estudio. Véase *Hispanic Portrait of Evangelization No. 10* por Cecilio J. Morales, Jr. Conferencia Nacional de los Obispos Católicos, Comité de Evangelización, 1981.

Sin embargo, actualmente nos satisface observar que estos conflictos han disminuído y la situación ha mejorado notablemente. En los últimos años muchos, si no la mayoría de los seminarios y conventos, han hecho grandes progresos en el sentido de atender las necesidades de los hispanos. Felicitamos a estas instituciones y les exhortamos a continuar mejorando sus programas al servicio del ministerio hispano.

También exhortamos a los seminarios a ofrecer cursos de español, cultura y religiosidad hispana y de ministerio pastoral hispano para seminaristas, sacerdotes, religiosos, diáconos permanentes y todos los que ejercen una actividad pastoral.

En vista de la presente situación, nos comprometemos a fomentar las vocaciones hispanas. Los obispos, sacerdotes, religiosos y laicos deberán animar con más insistencia a los jóvenes hispanos a considerar el sacerdocio y la vocación religiosa. Dirigimos una llamada a los padres hispanos para que presenten la vida y la obra de un sacerdote o religioso como una vocación deseable para sus hijos y se sientan justamente orgullosos de tener un hijo o una hija que sirva a la Iglesia de esta forma. Sin su apoyo firme, la Iglesia no tendrá el número necesario de sacerdotes y religiosos hispanos para atender sus comunidades.

Esto requiere acentuar en las familias hispanas una idea más positiva acerca de los sacerdotes y religiosos, de la que tienen en la actualidad. La presencia de la Iglesia en las comunidades hispanas debe ser de tal modo que los hispanos puedan experimentar la realidad del amor e interés por ellos. Los sacerdotes y religiosos tienen la grave responsabilidad de presentar a los jóvenes hispanos una experiencia positiva y alegre de la Iglesia, e invitarles a considerar el sacerdocio o la vida religiosa al tomar alguna decisión sobre su futuro. Se pide a las oficinas diocesanas de vocaciones que hagan esfuerzos especiales para acercarse a los jóvenes hispanos e invitarles al seguimiento de Jesús en la vocación sacerdotal o religiosa.

Ante todo, la Iglesia de los Estados Unidos debe pedir al Señor de la mies que envíe las vocaciones hispanas que tan urgentemente se necesitan. Pedimos que, con este fin, se hagan oraciones especiales y continuas en las parroquias hispanas y exhortamos a los padres que recen para que uno o más de sus hijos reciba la gracia de una vocación al sacerdocio o a la vida religiosa.

f. Educación Católica

Los educadores católicos de los Estados Unidos tienen en su favor una larga historia de logros y dedicación a la enseñanza y formación de millones de católicos. Ahora deben consagrar su capacidad a satisfacer las necesidades educativas de los hispanos. La educación es un derecho inalienable; y al desarrollar la inteligencia, las escuelas católicas y los institutos de estudio, deben también promover los valores y la cultura de sus alumnos (GE, 178).

Por consiguiente, pedimos con insistencia a las escuelas y otras instituciones católicas que ofrezcan más oportunidades, incluyendo becas y ayuda financiera a los hispanos que no tienen medios económicos para asistir a ellas.

También recomendamos adaptaciones que respondan de forma adecuada a la presencia hispana en nuestras escuelas. En el plan de estudio debe incluirse la educación bilingüe; los profesores deben estar familiarizados con la lengua hispana, y respetar y comprender la cultura, y la expresión religiosa hispana. Al mismo tiempo, hay que tener cuidado de que la educación bilingüe no impida ni retrase indebidamente el ingreso de los hispanos en la sociedad, tanto política como socioeconómica y religiosa, debido a una incapacidad de poderse comunicar bien en el idioma predominante.

Es importante, no solamente afirmar en los jóvenes hispanos el valor intrínseco de su tradición, sino que también hay que enseñarles la historia y la cultura hispana. La sociedad les dice con frecuencia que la cultura de sus padres, tan profundamente arraigada en el catolicismo, no tiene valor y es extraña. La Iglesia puede enseñarles lo contrario.

La Iglesia también debe convertirse en defensora de los muchos jóvenes hispanos que asisten a las escuelas públicas, haciendo todo lo que está a su alcance para asegurar que se tomen todas las medidas que satisfagan sus necesidades. Se debe prestar una atención especial a los que han abandonado la escuela, ya sea católica o pública y que necesitan educación y asistencia especiales para adquirir una preparación técnica.

g. Medios de Comunicación

Vivimos en una era en la que el "medio es el mensaje." La Iglesia ha reconocido este hecho apoyando la modernización de los medios de comunicación que tiene a su disposición. Sin embargo, en su mayor parte, la prensa y los demás medios de comunicación de la Iglesia están muy retrasados en el campo del ministerio hispano. Aunque en la última década se han iniciado algunas publicaciones valiosas en español, la prensa católica ignora, mayormente en su información, las noticias hispanas. Igualmente, aunque se hayan iniciado algunos valiosos esfuerzos bajo los auspicios de la Campaña de Medios de Comunicación Católicos y la Red de Telecomunicaciones Católicas de América, a la Iglesia le falta un conjunto sólido de programación en televisión y radio, que responda a las necesidades de la comunidad hispana.

Esto indica la necesidad de mayores esfuerzos que conduzcan a una programación sistemática y planificada y a una información continua sobre los temas relacionados con la comunidad hispana. Se require preparar y contratar a hispanos con talento, especializados en el campo de los medios de comunicación y en el periodismo, con el fin de producir material relevante y de actualidad. El material y los programas importados de América Latina pueden servir de ayuda a corto plazo, para remediar nuestras deficiencias en este campo.

h. Ecumenismo Efectivo

El Señor Jesús rogó por la unidad de sus discípulos (Jn. 17:21) no obstante, la división de las iglesias es un gran obstáculo a la evangelización. Esto se pone de manifiesto en los Estados Unidos en los casos del proselitismo activo que las sectas protestantes llevan a cabo entre los hispanos en una forma antiecuménica. Diversos grupos fundamentalistas dividen a los hispanos y sus familias con una predicación en la que se refleja un espíritu anticatólico que difícilmente puede decirse que proceda del evangelio de Jesucristo (PHB, II,c).

Nuestra respuesta como católicos no consiste en atacar ni menospreciar a nuestros hermanos de otras tradiciones cristianas, sino en vivir el evangelio de forma más auténtica con objeto de presentar a la Iglesia Católica como la plenitud de la cristiandad (LG, 14) y así mantener la fe de nuestro pueblo hispano. Otras iglesias cristianas han sido parte de la historia de la salvación. La oración, el diálogo y la hermandad en los esfuerzos por atender los asuntos de interés común, siguen siendo importantes para la Iglesia Católica. No obstante, en el contexto hispano, la Iglesia Católica y su tradición han desempeñado el papel histórico más importante con respecto a la incorporación del evangelio en la cultura. La Iglesia tiene la obligación de continuar esta misión.

i. Juventud Hispana

Deseando ser la luz del mundo y la sal de la tierra, muchos jóvenes hispanos dedican sus energías y su talento a la misión de la Iglesia. Sus principios son profundamente cristianos. Cualesquiera que sean sus circunstancias, se consideran miembros de la familia espiritual dirigida por su madre, la Virgen María. Esto es evidente en su arte, poesía y en otras formas de expresión. No obstante, las presiones del ambiente sobre los jóvenes hispanos para que se adapten y se guíen por principios egoistas, han alejado a muchos de la Iglesia.

Como los jóvenes de otros orígenes, los jóvenes hispanos muestran un espíritu de generosidad con respecto a los que se hallan en una situación económica y social desfavorable. Sin embargo, en el caso de los hispanos, con frecuencia es algo más que sensibilidad con respecto a los pobres; se trata de solidaridad con personas que tienen tan poco como ellos o todavía menos que ellos. Para que no resulten víctimas de sueños de éxito fácil por salir de la pobreza a cualquier precio, necesitan ver que la Iglesia valora su capacidad y sus posibilidades.

Al responder a las necesidades de estos jóvenes, el agente pastoral experto, observará las maravillosas posibilidades implícitas en su energía abundante y en su capacidad para hablar el lenguaje de la juventud. Los jóvenes hispanos comprometidos, saben por su propia experiencia inmediata, como hacer para compartir su visión cristiana con sus semejantes, mediante medios tales como el arte y la música moderna y tradicional hispana.

A los jóvenes hispanos con capacidad de ser dirigentes deben ofrecerse oportunidades de educación religiosa, estudios bíblicos, catequesis y una formación especial, para que se afirme su vocación de servir a la Iglesia. Estos programas deberán tener en cuenta el hecho de que estos jóvenes se educarán mejor en un ambiente familiar y acogedor.

j. La Familia

La tradición del compromiso con la familia es una de las características distintivas de la cultura hispana. Aunque existen variantes entre los méxico-americanos, los puertorriqueños, cubanos y otros hispanos, hay valores familiares y características culturales que son comunes a todos los hispanos.[9]

La familia, ya sea de un solo núcleo o "extensa" ha sido el lugar privilegiado en el que se han enseñado y expresado los principios cristianos y se ha llevado a cabo la evangelización y el desarrollo de la espiritualidad. La familia hispana, a menudo ejemplifica la descripción del Papa Juan Pablo II de oración familiar: "Alegrías y dolores, esperanzas y tristezas, nacimientos y cumpleaños, aniversarios de boda de los padres, partidas, alejamientos y regresos, elecciones decisivas e importantes, muerte de personas queridas, etc., señalan la intervención del amor de Dios en la historia de la familia, como deben también señalar el momento favorable de acción de gracias, de imploración, de abandono confiado de la familia al Padre común que está en los cielos" (FC, 59).

Sin embargo, en nuestra planificación pastoral, no podemos dar por seguro que la familia católica hispana seguirá siendo fuerte y unida. Las familias hispanas de un solo núcleo experimentan las mismas presiones sociales con las que se enfrentan otros grupos étnicos. La unidad de la familia hispana está amenazada, en particular, por el desarraigo causado por los cambios, especialmente del estilo de vida del campo al de la ciudad y del estilo de los paises latinoamericanos al nuestro; por la pobreza que sufren una gran proporción de las familias hispanas y por las presiones causadas por el proceso de asimilación que, a menudo, llevan a una separación entre las generaciones dentro de la familia y a una crisis de identidad entre los jóvenes.

Existe una necesidad apremiante de ministerios pastorales que preparen bien a los hispanos para la vida matrimonial, la crianza de los hijos, el asesoramiento de la familia y la educación religiosa. Rogamos especialmente que se tomen medidas para asistir a las familias hispanas en crisis, así como a los divorciados o separados, a los padres o las madres que

---

9. Un informe de 1974 del Comité Asesor del Estado de Illinois de la Comisión de los Estados Unidos sobre los Derechos Civiles sugiere que las siguientes características pueden observarse generalmente entre los hispanos: Orientación hacia la persona, más bien que hacia las ideas o cosas abstractas; compromiso con respecto a la autonomía de la persona dentro del contexto de los principios familiares y tradicionales hispanos; hincapié sobre la gran importancia de la familia; hincapié en el ser sobre el hacer; hincapié sobre el padre, visto como figura principal de autoridad.

educan solas a sus hijos y a las víctimas del maltrato de los padres o de uno de los cónyugues.

Invitamos a las familias hispanas, unidas por lazos tan singulares, así como a las de otros grupos culturales, con firmes tradiciones familiares, a cooperar en el proceso del descubrimiento gradual de la plenitud de la verdad de Cristo. "Está de conformidad con la tradición constante de la Iglesia, el aceptar de las diversas culturas de los pueblos, todo aquello que está en condiciones de expresar mejor las inagotables riquezas de Cristo. Sólo con el concurso de todas las culturas, tales riquezas podran manifestarse cada vez más claramente y la Iglesia podrá caminar hacia una conciencia cada día más completa y profunda de la verdad, que le ha sido dada ya, enteramente por su Señor" (FC, 10).

k. Trabajadores Agrícolas Migrantes

Como se ha observado, los hispanos se mudan de lugar con facilidad y se hallan tanto en lugares rurales como urbanos. Como resultado, tienden a eludir la atención y el cuidado de la Iglesia urbana. Esto pone de manifiesto la necesidad de adaptación en la atención pastoral, especialmente en el caso de los braceros agrícolas migrantes.

Existen tres corrientes principales de migración en los Estados Unidos. En el este, los braceros agrícolas migran de México, América del Sur y Florida hacia el norte, a Nueva York y Nueva Inglaterra, y trabajan en el cultivo de la caña de azúcar, del algodón, el tabaco, la recogida de las manzanas y las uvas. En las llanuras centrales, los braceros van hacia el norte desde Texas a los Grandes Lagos para recoger las cosechas de frutas, verduras y cereales. También hay un número importante de braceros puertorriqueños de temporada, la mayoría de ellos jóvenes y solteros, que trabajan principalmente en el nordeste. En el oeste, los braceros van hacia el norte a través de California, Nevada e Idaho hasta el noroeste; algunos llegan hasta Alaska en búsqueda de empleos de temporada. La migración suele comenzar en la primavera para terminar al final del otoño, cuando los braceros regresan a su lugar de residencia en el sur.[10]

Los abusos que sufren los braceros agrícolas son bien

---

10. Véase *Farmworkers in the U.S.* Conferencia Católica de los Estados Unidos, 1978.

conocidos, sin embargo, nada se hace para ponerles fin. En muchas regiones las condiciones están empeorando. Mujeres y hombres se hallan desmoralizados hasta el punto de que la riqueza de la cultura hispana, los fuertes lazos familiares y la vida de fe profunda, a veces se pierden. Denunciamos el tratamiento de los braceros como mercancía, mano de obra barata, y no como personas. Pedimos a los demás que igualmente denuncien esta situación. Debido a las condiciones económicas, con frecuencia también los niños se ven obligados a tomar parte en la mano de obra. Junto con otros problemas relacionados con la mudanza, su educación se ve perjudicada. Del mismo modo, nos parece deplorable la violación de los derechos de los trabajadores indocumentados. Todo esto hace que sea apremiante el que la Iglesia apoye el derecho que tienen los braceros agrícolas migrantes a organizarse, con el fin de entablar negociaciones colectivas con los patrones.

La experiencia en el apostolado hispano nos muestra la necesidad de equipos móviles misioneros y otras formas de ministerios ambulantes. Las diócesis y parroquias que están situadas en la ruta de las corrientes de migración, también tienen la responsabilidad de apoyar esta obra y de coordinar los esfuerzos de las diócesis de origen y destino de los braceros.

Sin duda, también, los mismos braceros hispanos, cuya visión rural de la vida se parece tanto a la de Jesús el Galileo,[11] tienen mucho que aportar para ayudar a responder a esta necesidad.

l. Justicia Social y Acción Social

La evangelización integral descrita anteriormente como el objetivo principal de la estrategia, pensamos que sería incompleta, sin un complemento activo de doctrina y acción

---

11. Aquí se hace referencia a las características humanas de Jesús y la relación de éstas con el lugar y las circunstancias de los braceros agrícolas migrantes. En *The Galilean Journey* y *Jesus the Galilean*, ambas obras publicadas por Orbis Books, el P. Virgilio Elizondo reflexiona sobre este tema. La imagen de Jesús se ve como condicionada por su nacionalidad, idioma, el contexto político y la concepción religiosa de su tiempo. Elizondo toma la experiencia pastoral del apostolado hispano y establece un paralelo entre los habitantes de la provincia conquistada de Galilea en el tiempo de los romanos, y la marginación de los méxico-americanos de los Estados Unidos. En *En Marcha Hacia El Señor* (Departamento de Educación y Secretariado de Asuntos Hispanos de la Conferencia Católica de los Estados Unidos, 1982), manual para los catequistas de los braceros migrantes, esta idea se utiliza de forma muy eficaz como un medio de reflexión sobre la fe.

social. Como decimos en nuestra carta pastoral sobre la guerra y la paz, "en la médula de la doctrina social católica está la trascendencia de Dios y la dignidad de la persona. La persona humana es el reflejo más claro de la presencia de Dios en el mundo" (CP, I). Este concepto ha de aplicarse concretamente a la realidad de la presencia hispana y del ministerio que responde a ella.

En los últimos 20 años la doctrina católica ha definido cada vez con más claridad el significado de justicia social. Desde la encíclica *Pacem in Terris* del Papa Juan XXIII hasta la encíclica *Laborem Excercens* del Papa Juan Pablo II, se nos ha venido presentando una doctrina social que define como derechos humanos: un buen gobierno, alimentación, salud, vivienda, empleo y educación. En los Estados Unidos hemos aplicado estas enseñanzas a los problemas de nuestro tiempo y de nuestro país.

Ahora pedimos que se preste atención a las preocupaciones sociales que afectan más directamente a la comunidad hispana, entre ellas el derecho al voto, la descriminación, los derechos de los inmigrantes, la situación de los braceros agrícolas, el bilingualismo y el pluralismo. Todos son problemas de justicia social de suma importancia para el ministerio hispano y para toda la Iglesia.

La Iglesia al comprometerse con la doctrina social asume la búsqueda de la justicia, como una labor eminentemente religiosa. Las personas dedicadas a esta tarea deben comprometerse, ser informadas y guiadas por aquellas que conocen por experiencia propia, la paradójica bendición de la pobreza, los prejuicios y la injusticia (Mt. 5:3). Por lo tanto, pedimos a los hispanos que asuman un papel cada vez mayor en la acción social, y a los no hispanos que traten de buscar, cada vez más, la participación hispana en una auténtica asociación.

m. Prejuicio y Racismo

Recordamos que los hispanos han sido víctimas en nuestro país de un prejuicio despiadado. Ha sido tan grande en algunos aspectos que se les han negado los derechos humanos y civiles fundamentales. Aún actualmente los hispanos, negros, los recientes refugiados del sudeste de Asia y los americanos nativos continúan sufriendo de ese tratamiento tan inhumano, tratamiento que nos hace conscientes de que el pecado de racismo persiste en nuestra sociedad. A pesar de los grandes progresos en la eliminación del prejuicio racial, tanto en nuestro país como en la Iglesia, existe aún más necesidad urgente de purificación y reconciliación continua. Es especialmente desalentador saber que algunos católicos mantienen fuertes prejuicios contra los hispanos y otros, y les niegan el respeto y amor debidos a su dignidad humana que es un don de Dios.

Esto es obvio incluso en algunas comunidades parroquiales, en las que algunos no hispanos, se muestran reacios a participar con los hispanos o alternar con ellos en los eventos parroquiales. Exhortamos a quienes manifiestan una actitud tan poco cristiana que analicen su comportamiento a la luz del mandamiento del amor de Jesús y acepten totalmente a sus hermanos hispanos como compañeros en la vida y obra de sus respectivas parroquias. Merece repetirse las palabras de nuestra carta pastoral sobre el racismo: "El racismo no es simplemente un pecado entre muchos, es un mal radical que divide a la familia humana y no permite la nueva creación de un mundo redimido. Para luchar contra él se requiere una transformación igualmente radical de nuestras ideas y de nuestro corazón, así como de la estructura de nuestra sociedad" (BSU, p. 10).

Pedimos a los que dan empleo a hispanos que les proporcionen condiciones de trabajo seguras y adecuadas y les paguen sueldos que les permitan manterner adecuadamente a sus respectivas familias. La condición inhumana de la pobreza extrema impuesta a muchos hispanos, es la raíz de muchos problemas sociales en sus vidas. La justicia más elemental exige que tengan condiciones de trabajo y sueldos adecuados.

n. Lazos con América Latina

Los hispanos que se hallan entre nosotros son un recurso todavía no utilizado, como puente cultural entre el norte y el sur de América. La fuente de la cultura y de la fe hispana se encuentra histórica y geográficamente en América Latina. Por este motivo, una respuesta dinámica a la presencia hispana en los Estados Unidos estará necesariamente ligada a un conocimiento creciente y vinculación con la sociedad y la Iglesia latinoamericana.

América Latina, con más de 350 millones de católicos, continúa experimentando graves injusticias socioeconómicas, y en muchos de sus paises, una carencia grave de los derechos humanos más fundamentales. Estas condiciones son opresivas y deshumanizantes, gestan violencia, pobreza, odio y profundas divisiones en la estructura social y se oponen fundamentalmente a los principios del evangelio.[12] No obstante, nuestros hermanos católicos de América Latina, especialmente los pobres, suelen ser testigos vibrantes de la liberación que propone el evangelio, y se comprometen a construir una "civilización de amor" (Puebla, 9).

Debemos continuar apoyando y ayudando a la Iglesia de América Latina. Igualmente esperamos un continuo intercambio de misioneros, puesto que la cooperación que prevemos no es unilateral. Por nuestra parte, debemos continuar enviando a los que estén más preparados para evangelizar en América Latina, incluso a nuestro personal hispano al aumentar éste en número. Teniendo en cuenta cuidadosamente las circunstancias de las regiones de las que proceden, damos la bienvenida a los latinoamericanos y a otros sacerdotes, religiosos y religiosas que vienen a atender a los hispanos de los Estados Unidos. Recomendamos que al llegar reciban una preparación especial en el idioma y la cultura para aplicarlas en sus actividades pastorales.

La Iglesia de los Estados Unidos tiene mucho que aprender de la experiencia pastoral latinoamericana; es afortunado tener en la presencia hispana un precioso vínculo humano ligado a esa experiencia.

o. Catolicismo Popular

La espiritualidad hispana es un ejemplo de lo profundamente que el cristianismo puede penetrar en las raices de una cultura. En el transcurso de casi 500 años en América, los hispanos han aprendido a expresar su fe en oraciones y

---

12. La injusticia socioeconómica y las violaciones de los derechos humanos en ciertos paises latinoamericanos son los temas principales de preocupación expuestos repetidamente por la Conferencia Católica de los Estados Unidos con respecto a la política de los Estados Unidos en la región. Véase *Quest for Justice: A Compendium of Statements of the United States Catholic Bishops on the Political and Social Order 1966-1980*, J. Brian Benestad y Francis J. Butler, Conferencia Nacional de los Obispos Católicos/Conferencia Católica de los Estados Unidos, 1981, pp. 123-129, también véase pp. 433-439 para una lista de las declaraciones y testimonios ofrecidos en esa época; véase igualmente *Statement of the U.S. Catholic Conference on Central America*, 1981 y *Statement on U.S. Policy in Central America*, Arzobispo John R. Roach, 22 de julio de 1983. El mismo análisis puede hallarse en las declaraciones principales del Consejo Episcopal Latinoamericano (CELAM). Véase la *Declaración de Medellín*, CELAM, 1968, y *Mensaje a los Pueblos de Latinoamérica*, CELAM, 1979.

tradiciones que iniciaron, alentaron y desarrollaron los misioneros y que pasaron más tarde de una generación a otra.

Pablo VI reconoció el valor intrínseco del catolicismo popular. Aunque advirtió sobre los posibles excesos de la religiosidad popular, enumeró no obstante algunos valores que, a menudo, tienen estas formas de oración. Señaló que la piedad popular, si está bien orientada manifiesta sed de Dios, estimula la generosidad de las personas y les infunde un espíritu de sacrificio. Puede llevar a una conciencia clara de los atributos de Dios, como son su paternidad, su providencia y su presencia cariñosa y constante (EN, 48).

La espiritualidad hispana resalta la importancia de la humanidad de Jesús, especialmente cuando aparece débil y doliente, como en el pesebre y en su pasión y muerte. Esta espiritualidad está relacionada con todo lo que es simbólico en el catolicismo: los ritos, las estatuas e imágenes, los lugares santos y los gestos. Es igualmente una espiritualidad de firmes devociones. La Santísima Virgen María, especialmente bajo títulos patronales como Nuestra Señora de Guadalupe (México), Nuestra Señora de la Divina Providencia (Puerto Rico), Nuestra Señora de la Caridad del Cobre (Cuba), ocupa un lugar privilegiado en la piedad popular hispana.

Se necesita un diálogo más amplio entre la práctica popular y la oficial, de lo contrario la primera podría desprenderse de la orientación del evangelio y la última podría perder la participación activa de los más sencillos y pobres entre los fieles (Medellín, 3). Una vida eclesial que vibre con un profundo sentido de lo trascendente, como existe en el catolicismo popular hispano, puede ser también un testigo admirable para los miembros más secularizados de nuestra sociedad.

p. Comunidades Eclesiales de Base

De las aportaciones que los hispanos han hecho a la Iglesia en las Américas una de las más importantes es la formación de las comunidades eclesiales de base. La pequeña comunidad apareció en escena como un rayo de esperanza para afrontar situaciones inhumanas que pueden destruir moralmente a las personas y debilitar su fe. Un sentido revitalizador de hermandad llena de alegría pastoral y esperanza a la Iglesia de América Latina, Africa, Europa y Asia. El sínodo de los Obispos de 1974 fué testigo de una efusión de esperanza por parte de los pastores de América Latina, que vieron las comunidades eclesiales de base como una fuente de renovación en la Iglesia. Puesto que estas comunidades de base han demostrado ser un beneficio para la Iglesia (EN, 58), recomendamos encarecidamente su desarrollo.

La comunidad eclesial de base no es ni un grupo de estudio y discusión, ni una parroquia. Es "el primer núcleo fundamental eclesial que en su propio nivel debe ser responsable de la riqueza y la expansión de la fe, así como del culto del cual es una expresión" (JPP, 10). Debe ser una expresión de la Iglesia que libera del pecado personal y estructural; debe ser una pequeña comunidad con relaciones interpersonales; debe formar parte del proceso de evangelización integral y debe estar en comunión con el resto de la Iglesia. El papel de las parroquias en particular es el de facilitar, coordinar y multiplicar las comunidades eclesiales de base en su territorio. La parroquia debe ser una comunidad de comunidades. La comunidad eclesial de base ideal es una comunidad viviente de cristianos cuya participación activa en todos los aspectos de la vida es alentada por un profundo compromiso con el evangelio.

q. Otras Posibilidades

Exhortamos a los católicos de los Estados Unidos a utilizar sus mejores cualidades creativas para ir mucho más allá de estos primeros pasos, que son simplemente requisitos previos para una acción eficaz.

Una oportunidad para la realización de una acción creativa surge de la presencia de los hispanos en las fuerzas armadas de los Estados Unidos. Exhortamos al Vicario General Castrense a que estudie nuevos medios para llevar a cabo una evangelización integral, con especial atención a esta presencia hispana.

Asimismo, como saben los que ejercen un apostolado en las prisiones, los hispanos encarcelados están en extrema necesidad de atención. Se necesitan agentes pastorales que ayuden en ese campo.

También entre los hispanos hay minusválidos cuyas necesidades especiales se ven agravadas a causa de muchos de los problemas que hemos descrito. Se calcula que casi 2 millones de católicos hispanos tienen una o más enfermedades de incapacitación, entre ellas la ceguera, la sordera, el retraso mental, los problemas de aprendizaje y los impedimentos ortopédicos. Hay una grave necesidad de programas de pastoral que estimulen la participación de los católicos minusválidos.

Esto no es más que una lista parcial. Como en todo este documento, nuestro propósito en este caso ha sido no limitar, sino animar a que haya más diálogo, reflexión y acción en esta tarea.

IV. Declaración de Compromiso

13. Somos conscientes de los muchos grupos étnicos y raciales que solicitan legítimamente nuestros servicios y recursos. Asimismo, agradecemos el esfuerzo actual importante, aunque limitado, por llegar a los hispanos de los Estados Unidos, y nos comprometemos junto con los que ejercen con nosotros una labor pastoral, a responder al llamado del ministerio hispano. La conciencia del bien realizado en el pasado y en el presente no debe hacernos lentos en comprender los signos de los tiempos. Nuestros preparativos de hoy facilitarán llevar a cabo la labor del mañana.

Reconocemos la realidad de la presencia de los hispanos de los Estados Unidos, los esfuerzos pasados de los que han tomado parte en el apostolado hispano y la necesidad apremiante de iniciar una nueva labor creadora. Para inaugurar esta nueva era en la Iglesia, tanto los hispanos como los no hispanos, tendrán que someterse a notables adaptaciones. Por otra parte, confiamos en que el compromiso con respecto al apostolado hispano nos conducirá a una reafirmación de la catolicidad y a revitalizar todas las obras para cumplir la misión esencial de la Iglesia.

Compromiso de Catolicidad

14. El carácter universal de la Iglesia comprende a la vez el pluralismo y la unidad. La humanidad con sus culturas y pueblos es tan variada que sólo pudo haber sido forjada por la mano de Dios. La Iglesia reconoce ésto cuando dice que "cada una de las partes presenta sus dones a las otras partes y a toda la Iglesia" (LG, 13). Sin embargo, la Iglesia sobrepasa todos los límites de tiempo y raza. La humanidad entera está llamada a convertirse en el Pueblo de Dios, en paz y unidad.

El mensaje evangélico que afirma que en la Iglesia nadie es extranjero, es eterno. Como dice el apóstol Pablo, "ya no hay diferencia entre judío y griego, esclavo y libre; no se hace diferencia entre hombre y mujer. Pues todos ustedes son uno solo en Cristo Jesús" (Gal. 3:28).

Por consiguiente, el ejercicio de nuestro magisterio respecto al ministerio hispano, nos lleva a invitar a todos los católicos a adoptar una actitud más acogedora con relación a los demás. Los hispanos, cuya presencia en este país está precedida solamente por la de los americanos nativos, están llamados a acoger a sus hermanos, los descendientes de otros inmigrantes europeos y del mismo modo, estos últimos están llamados a acoger a los hispanos recién llegados de América Latina. Libres de una actitud de dominio cultural o étnico, los dones de todos enriquecerán a la Iglesia y darán testimonio del Evangelio de Jesucristo.

Compromiso de Responder a las Necesidades Temporales

15. La evangelización es una labor espiritual que se extiende a todo lo que es humano y busca su realización. El Papa Juan Pablo II nos recordó ésto cuando dijo: "La Iglesia nunca abandonará al hombre, ni sus necesidades temporales, mientras conduce a la humanidad hacia la salvación" (ABUS).

Nuestros fieles hispanos afirmaron esta misma realidad en su Segundo Encuentro, en el que aceptaron el compromiso de la evangelización integral, "como el testimonio de la vida al servicio del prójimo para la transformación del mundo" (II ENHP, Evangelización, 1).

Por nuestra parte, nosotros como líderes, nos comprometemos una y otra vez a levantar nuestra voz en defensa de la dignidad humana de los hispanos. Recordamos a nuestros agentes pastorales que su trabajo incluye también el esfuerzo de ganar para los hispanos, la participación en los beneficios de nuestra sociedad. Pedimos a todos los católicos de los Estados Unidos que trabajen no solamente *por* los hispanos, sino *con* ellos, para que consigan tomar el lugar que les corresponde en nuestra democracia, así como en plena participación política que constituye para ellos un derecho y un deber. De esta forma, profundizamos nuestra opción preferencial por el pobre que debe ser siempre, según el evangelio de Jesús y la tradición de la Iglesia, el emblema distintivo de nuestro apostolado (Puebla, 1134).

Llamado a Reconocer la Realidad Hispana

16. Al comprometernos a llevar a cabo una labor junto con los hispanos; y no simplemente en pro de ellos, aceptamos la responsabilidad de reconocer, respetar y apreciar su presencia como un don. Esta presencia representa más que un simple potencial. Gracias a ella se realiza un valioso servicio a nuestra Iglesia y sociedad, aunque con frecuencia no es reconocido. Es una presencia profética que ha de ser alentada y requerida.

Compromiso de Recursos

17. Igualmente forma parte de nuestro compromiso, como pastores y administradores de los recursos comunes de la Iglesia, la promesa de utilizar estos en el ministerio hispano. Lo hacemos en forma explícita, según el espíritu de las primeras comunidades cristianas (Hechos 2:44).

Esta declaración de compromiso es algo más que una expresión del sentimiento, y en ella está implícito el reconocimiento de que debemos garantizar los recursos económicos y materiales necesarios para conseguir nuestros objetivos.

Vemos la necesidad de continuar apoyando, de forma más permanente, las actuales entidades nacionales, regionales y diocesanas del apostolado hispano. Dadas las limitaciones evidentes de recursos, es igualmente necesario inspeccionar y evaluar más a fondo la labor actual, con el fin de promover un mejor uso del personal, del dinero y de todos los otros medios. Asimismo, es urgente llamar la atención de los administradores respectivos sobre la necesidad de buscar más hispanos capacitados para que sirvan a su comunidad. Se necesitan igualmente más hispanos en las oficinas de la Conferencia Nacional de Obispos Católicos y de la Conferencia Católica de los Estados Unidos, en nuestras oficinas regionales, en las cancillerías, en nuestras escuelas, en nuestros hospitales y en muchas otras entidades de la Iglesia.

Lo que existe actualmente no es suficiente para satisfacer

todas las necesidades. Deben realizarse esfuerzos serios, a todos los niveles, para evaluar estas necesidades más cuidadosamente y asignar fondos al ministerio hispano. La Iglesia de los Estados Unidos disfruta de la bendición de disponer de varias instituciones y ministerios cuyas energías pueden y deben aplicarse a esta labor. Debe exhortarse a las escuelas, parroquias, institutos de pastoral, medios de comunicación y diversos ministerios especializados, a que asuman ellos mismos este compromiso.

En vista de auténticas restricciones económicas, nos comprometemos a estudiar nuevas posibilidades de financiamiento. Tenemos conocimiento acerca de fórmulas de administración de presupuestos que estimulan a todos los ministerios y entidades a responder a las prioridades de la Iglesia. Debemos analizar ésto al esforzarnos en responder a esta evidente necesidad pastoral.

Convocatoria del Tercer Encuentro

18. Pedimos a nuestro pueblo hispano que eleve su voz profética una vez más, como hizo en 1972 y 1977, en un Tercer Encuentro Nacional Hispano de Pastoral, de forma que juntos podamos asumir responsablemente nuestras responsabilidades. Pedimos que se inicie el proceso para que tenga lugar un encuentro, desde las comunidades eclesiales de base y las parroquias pasando por las diócesis y regiones, hasta el nivel nacional, para culminar en una reunión de representantes en Washington, D. C., en agosto de 1985.

Hacia un Plan Pastoral

19. Aparte del proceso de Encuentro, en el cual tomaremos parte, reconocemos que la planificación pastoral integral debe evitar adaptaciones meramente superficiales de los ministerios existentes. Esperamos analizar las conclusiones del III Encuentro de modo que nos sirvan de base para lograr la formulación de un Plan Pastoral Nacional de Ministerio Hispano, que será considerado en nuestra asamblea general en la primera fecha posible después del Encuentro.

Conclusión

20. Al continuar nuestra peregrinación junto con nuestros hermanos hispanos, manifestamos nuestro compromiso, con el mismo espíritu que nuestros hermanos los obispos de América Latina reunidos en Puebla (MPLA, 9).

(a) Nos dirigimos a toda la Iglesia Católica de los Estados Unidos, laicos, laicas, religiosos, religiosas, diáconos y sacerdotes, para que se unan a nosotros en nuestra promesa de responder a la presencia de nuestros hermanos hispanos.

(b) Ensalzamos la labor que se ha llevado a cabo en el pasado; nos regocijamos en ella, y prometemos hacer todo cuanto podamos por superarla.

(c) Vislumbramos una nueva era para el ministerio hispano, enriquecida con los dones de la facultad creativa, puestos providencialmente ante nosotros, y con el Espíritu de Pentecostés que nos llama a la unidad, a la renovación y a la respuesta que pide la llamada profética de la presencia hispana.

(d) Nos comprometemos a emprender una obra pastoral profunda, consciente y continua para poner de relieve la catolicidad de la Iglesia y la dignidad de todos sus miembros.

(e) Contamos esperanzados con las grandes bendiciones que los hispanos pueden aportar a nuestras iglesias locales.

(f) Que este compromiso reciba la bendición, el aliento y la inspiración de Nuestro Señor, y que su Santísima Madre, Patrona de América, nos acompañe en nuestra jornada. Amén.